Assessment Center

Für Birgit und Hans

Ein besonderer Dank gilt unseren Kolleginnen und Kollegen,
die uns tatkräftig unterstützt haben.

Holger Beitz · Andrea Loch

Assessment Center

Erfolgstipps für BewerberInnen

Mit Sonderkapitel:
Gezielte Mitarbeiterförderung
durch Inhouse-Assessment-Center

FALKEN

Zum gleichen Themenbereich sind im FALKEN Verlag bereits erschienen:
Wolfgang Reichel, Bewerbungsstrategien (1027)
Henning Hustedt/Reinhard Hilke, Einstellungstests (1263)
Wolfgang Reichel, Testtrainer Einstellungstests (1761)

Sie finden uns im Internet: **www.falken.de**

Dieses Buch wurde auf chlorfrei gebleichtem
und säurefreiem Papier gedruckt.

Der Text dieses Buches entspricht den Regeln
der neuen deutschen Rechtschreibung.

Aktualisierte Ausgabe des gleichnamigen Titels
mit der Band-Nr. 2276

ISBN 3 8068 2846 6

Umschlaggestaltung: Rincón2 Design & Produktion GmbH, Köln
Layout: Susanne Ahlheim-Wilhelm, Siedelsbrunn
Redaktion: Dr. Dietrich Voorgang, Heidenrod
Koordination: Astrid Hansel
Titelfoto: Stone, München
Herstellung: Tatjana Spira

Satz: Raasch & Partner GmbH, Neu-Isenburg
Druck: Ludwig Auer GmbH, Donauwörth

817 2635 4453 6271

Inhaltsverzeichnis

Einleitung

> *Man muss ins Gelingen verliebt sein,*
> *nicht ins Scheitern.*
> *Ernst Bloch*

Einladung zu einem „Assessment-Center“

„Geschafft!“ denken Sie vielleicht, nachdem Sie den Einladungsbrief von der Personalabteilung des Unternehmens bekommen haben, das Sie sich bei Ihren Bewerbungen als Wunschunternehmen ausgesucht hatten. Doch nach der ersten Freude über die übersprungene Hürde beschleicht Sie ein flaues Gefühl im Magen, denn Sie lesen weiter und stellen fest, dass Sie zu einem „Assessment-Center“ eingeladen worden sind. An einem Vorstellungsgespräch haben Sie ja schon einmal teilgenommen, aber zwei bis drei Tage Dauerstress, gespickt mit mehreren Übungen als ein Teilnehmer unter zehn anderen, das ist doch wohl etwas zu viel des Guten.

Bevor Sie nun der Mut verlässt und Sie auf eine weitere Zusage von einem anderen Unternehmen hoffen, sollten Sie dieses Buch über „Assessment-Center“ lesen; es verfolgt zwei Ziele:

- Es soll Ihnen eine Orientierung geben, was ein AC, wie das „Assessment-Center“ auch abgekürzt genannt wird, überhaupt ist und welche Funktionen es erfüllt, und
- es soll zugleich ein Übungsbuch für Sie sein, mit dem Sie sich auf ein konkretes AC vorbereiten können; ganz gleich, ob Sie sich für eine neue Stelle bewerben oder ob Sie in

[illegible] Karriere beginnen und sich an einer [illegible] Weiterbildung beteiligen wollen.

Orientierung und Übung

Deswegen verzichten wir auch auf allzu viel Theorie und steigen mehr in die Praxis ein, zeigen Abläufe, stellen Übungen vor, decken Hintergründe auf, damit Sie sich konkret auf Ihr AC vorbereiten können. Natürlich können wir nicht auf alle Spezialitäten und Details der AC-Praxis eingehen; dazu sind die Personalberater und unternehmensinternen Personalfachleute zu erfinderisch und zu kreativ. Aber es haben sich Standards herausgebildet und auf diese Standards werden wir eingehen und sie näher beschreiben.

Eines sei gleich am Anfang klargestellt: Im Assessment-Center wird Verhalten beobachtet; dieses Verhalten eignet man sich über Jahre hinweg an mit seinen guten und schlechten Seiten. Wenn Sie sich daher erst kurz vor einem Assessment-Center entschieden haben sich über den Inhalt und Ablauf zu informieren, dürfen Sie von unseren Empfehlungen zu den einzelnen Übungen keine Wunder erwarten. Wir können zwar Orientierungen, Tipps und Hinweise geben, aber trainieren müssen Sie und dafür brauchen Sie nun einmal etwas Zeit. Zeit für die Lektüre, Zeit für Gespräche mit Freunden und Bekannten, Zeit für das Durchspielen von einzelnen Übungen. Nehmen Sie sich diese Zeit, es lohnt sich nicht nur für Ihr Abschneiden im Assessment-Center. Sich und seine Wirkungen in verschiedenen Situationen kennen zu lernen ist ein gutes Training für viele Bereiche in Beruf und Familie.

Lohnender Zeitaufwand

Was ist eigentlich ein „Assessment-Center"?

Das Wort „Assessment-Center" kommt aus dem Englischen oder besser gesagt aus dem Amerikanischen und heißt wörtlich übersetzt „Beurteilungs- oder Einschätzungs-Zentrum".

Beschrieben wird damit ein Ereignis oder eine Veranstaltung, bei der mehrere Bewerber durch mehrere Beobachter auf ihre Eignung für eine bestimmte Position hin getestet werden oder bei der festgestellt werden soll, welche Potenziale Mitarbeiter eines Unternehmens für ihre berufliche Entwicklung mitbringen.

Die maximale Teilnehmerzahl an einem AC beträgt 12 Personen, die von 4 bis 6 Beobachtern und 1 bis 2 Moderatoren, meist Psychologen, begleitet werden.

Additives Beobachten von Verhalten

Die Beobachter verfolgen das Verhalten der Teilnehmer bei den verschiedenen Übungen und in den unterschiedlichsten Situationen; ihre Eindrücke und Einschätzungen halten sie dabei schriftlich fest. Dann werden die Einzelbeobachtungen zusammengetragen und – eventuell ergänzt durch spezielle Tests – zu einem Gesamtergebnis zusammengefügt, das so zur Grundlage für die Entscheidung wird, ob ein Bewerber eingestellt werden soll. Diese Entscheidung fällt nie ein einzelner Beobachter, sondern immer das ganze Gremium, das auch als „Beobachterkonferenz" bezeichnet wird.

Kriterium für die Auswahl der Übungen sind die Anforderungen, die die jeweiligen Positionen an die Bewerber und späteren Mitarbeiter stellen; die Anforderungen bestimmen auch, worauf die Vertreter der Unternehmen bei den einzelnen Übungen achten. Doch dazu später mehr.

Kennzeichen eines Assessment-Centers

- Mehrfachbeurteilung
  Um subjektive Fehlbeurteilungen zu verringern wird ein Kandidat von mehreren Beobachtern eingeschätzt.
- Verhaltensorientierung
  Im AC werden vor allem Übungen eingesetzt, mit denen man das Arbeitsverhalten der Teilnehmer beurteilen kann.
- Methodenvielfalt
  Um Fehlerquellen zu vermeiden werden mehrere Methoden (Bausteine) miteinander kombiniert.
- Anforderungsbezogenheit
  Bezugspunkt für die Beurteilung sind die Anforderungen einer Position oder Stelle.

Auswahlverfahren für Offiziere

Assessment-Center haben eine lange Geschichte: Sie gehen zurück auf ein Auswahlverfahren für Offiziere, das schon im siebzehnten Jahrhundert eingesetzt worden sein soll. Die Militärs waren es dann wohl auch, die das Verfahren zu Beginn unseres Jahrhunderts wieder entdeckt und so perfektioniert haben, dass es für Wirtschaftsunternehmen interessant wurde. Der Durchbruch gelang in den Sechzigerjahren; federführend waren dabei amerikanische Großkonzerne wie IBM. Diese brachten das AC dann auch nach Deutschland, wo sich 1977 mehrere große Unternehmen zu dem „Arbeitskreis Assessment-Center, Führungskräfte-Auswahl und -Entwicklung“ zusammenschlossen und einen intensiven Gedanken- und Erfahrungsaustausch begannen.

Heute gehört das AC zu den Standardauswahlverfahren vieler Großunternehmen. Im Folgenden finden Sie eine Übersicht der Unternehmen, die zur Zeit ACs für die Bewerberauswahl oder Potenzialbestimmung bei Mitarbeitern im Hause anwenden. Bei diesen Unternehmen können Sie als Bewerber also mit großer Wahrscheinlichkeit damit rechnen, dass ein AC eingesetzt wird.

Bei „Verdacht“: nachfragen!

Aber auch viele kleinere Unternehmen setzen heute ACs ein. In der Regel werden Sie darauf hingewiesen, wenn Sie zu einer Vorstellung in das Unternehmen eingeladen werden. Fehlt ein derartiger Hinweis und ist das „Vorstellungsgespräch“ aber über mehr als einen Tag angesetzt, können Sie davon ausgehen, dass ein AC oder ein ähnliches Verfahren geplant ist. Sind Sie sich nicht sicher, rufen Sie in der Personalabteilung des Unternehmens an oder fragen Sie den Personalberater, der mit Ihnen Kontakt aufgenommen hat. Seriöse Unternehmen und Berater werden Sie nicht im Ungewissen lassen über das, was auf Sie zukommt.

Formen des Assessment-Centers

- Auswahl-AC
  Auswahl von Bewerbern für eine bestimmte Stelle
- Personal-Entwicklungs-Seminar (PES)
  Auswahl und Förderung von Nachwuchskräften aus dem Unternehmen

Anwender von Assessment-Center in Deutschland

AEG Hausgeräte GmbH, Nürnberg

agiplan Aktiengesellschaft, Mühlheim

Akademie Deutscher Genossenschaften ADG, Montabaur

Andersen Consulting Unternehmensberatung GmbH, Sulzbach/Taunus

Ascena AG, Mannheim

Audi AG, Ingolstadt

Bahlsen Snacks Deutschland, Neu-Isenburg

Barclays Capital, London

Barmer, Wuppertal

Heinrich Bauer Verlag, Hamburg

Bayer AG, Leverkusen

Dr. Blumrath Finanzdienstleistungen AG, Köln

Hugo Boss AG, Metzingen

British American Tobacco (Germany) GmbH, Hamburg

Hubert Burda Media, München

Coca-Cola Erfrischungsgetränke AG, Berlin

Cognis Deutschland GmbH, Düsseldorf

Colgate-Palmolive GmbH, Hamburg

Daimler-Chrysler Services (debis) AG, Berlin

DePfa-Gruppe, Wiesbaden

Deutsche Ärzteversicherung, Vermittlungs- und Finanzberatung AG, Köln

Die Bahn, Berlin

Deutsche Krankenversicherung AG, Köln

Deutsche Lufthansa AG, Frankfurt am Main

Deutsche Post AG, Bonn

Deutsche Telekom, Bonn

Deutsche Unilever GmbH, Hamburg

DGZ DekaBank, Frankfurt am Main

Dresdner Bank AG, Frankfurt am Main

Ferrero oHGmbH, Frankfurt am Main

Fielmann AG, Hamburg

Gemini Consultin, München

Gerling, Köln

Hannover Rückversicherungs-Aktiengesellschaft, Hannover

Heidelberger Zement AG, Heidelberg

Henkel KgaA, Düsseldorf

Kienbaum Consultants International GmbH, Gummersbach

Landesbank Baden-Württemberg LBBW, Stuttgart

Mars GmbH, Viersen

EFFEM GmbH, Verden (Aller)

Four Square, Verden (Aller)

MP Management Consultants GmbH, Wiesbaden

M.S.M Management Consulting GmbH, Wiesbaden

Münchener Rückversicherungs-Gesellschaft, München

Naspa-Nassauische Sparkasse, Wiesbaden

Network Management Consulting Europe GmbH, Bad Homburg

persona service GmbH, Lüdenscheid

Peters, Schönberger & Partner, München

Peugeot Deutschland GmbH, Saarbrücken

Philip Morris GmbH, München

Deutsche Postbank AG, Bonn

PricewaterhouseCoopers, Frankfurt am Main

Quelle AG, Fürth

Reemtsma Cigarettenfabriken GmbH, Hamburg

ROCHE Diagnostics GmbH, Mannheim

Ruhrgas AG, Essen

R+V Versicherung, Wiesbaden

Sony Deutschland GmbH, Köln

Tchibo Frisch-Röst-Kaffee GmbH, Hamburg

Tenovis, Frankfurt am Main

Thyssen Krupp Automotive AG, Bochum

Varta AG, Hannover

Westdeutsche Landesbank, Düsseldorf

Wie arbeiten Sie mit diesem Buch?

Anforderungsprofil ermitteln

Dieses Buch ist so aufgebaut, dass wir Sie zunächst bitten werden sich ein wenig mit Ihrer zukünftigen Stelle zu beschäftigen und die Aufgaben und Anforderungen dieser Stelle zu erarbeiten (Kapitel „Lernen Sie sich selbst kennen!“). Dann sollen Sie sich hinsichtlich der Anforderungen der Stelle selbst einschätzen lernen.

In den weiteren Kapiteln skizzieren wir den Aufbau und die Bausteine von ACn und Personal-Entwicklungs-Seminaren (PESen). Wir stellen jeden Baustein vor, geben Hinweise auf das, was die Beobachter beachten, und geben Tipps, an denen Sie sich bei der Vorbereitung orientieren können. Jedes Kapitel enthält einen Übungsplan, mit dem Sie sich auf den Baustein vorbereiten können, also Übungen zu den Eröffnungssituationen, Gruppendiskussionen, Rollenspielen usw. Am Schluss eines jeden Kapitels finden Sie einen Bogen zu Ihrer persönlichen Stärken-/Schwächenanalyse. Hier können Sie Ihre Selbsteinschätzung eintragen und notieren, was Sie tun wollen um Ihre Stärken auszubauen oder zu erhalten bzw. Ihre schwachen Seiten etwas aufzupolieren.

Am Ende des Buches finden Sie dann noch einmal einen Übersichtsplan zu allen Stärken- und Schwächenprofilen, der zu Ihrem persönlichen Vorbereitungsplan werden sollte.

Erweitern Sie Ihr Verhaltensrepertoire

Wenn Sie das Buch durchgearbeitet haben, werden Sie feststellen, dass Sie mehr über sich und Ihre Wirkung auf andere erfahren haben. Das wird Sie sicherer machen, denn Sie verfügen nun über ein größeres Handlungsrepertoire. Und darauf kommt es an, wenn man im Beruf und im Leben Erfolg haben will. Wir hoffen, dass Sie sehen werden, dass der wichtigste Erfolgsfaktor beim AC Ihr Vertrauen in Ihre eigenen spezifischen Fähigkeiten ist und nicht Ihr schauspielerisches Talent. Jeder Mensch hat Stärken, die er in dieser Situation für sich nutzen kann.

Nach der Lektüre des Buches dürfte wohl jedem klar sein, dass die Vorbereitung auf ein AC nicht im Schnellkurs erfolgen kann. Sie brauchen Zeit um zu üben, um nachzudenken und an Ihren Stärken und Schwächen zu arbeiten.

Bei der Vorbereitung auf ein AC oder ein PES sind Sie auf andere Menschen angewiesen, mit denen Sie üben können, die Sie über die Wirkungen Ihres Verhaltens informieren usw. Nutzen Sie diese Chance und sprechen Sie Ihre Freunde, Familienmitglieder oder Arbeitskollegen an. So hat die Vorbereitungsphase noch einen positiven Nebeneffekt: Durch den offenen Gedankenaustausch über die Wirkungen des eigenen Verhaltens kommt man sich näher und kann manche Hürde im Zwischenmenschlichen überspringen.

Ein Assessment-Center wie (k)ein anderes!

So, da wären wir endlich. Dieser Stress auf den Autobahnen ist einfach unerträglich. Eine Stunde Stau bei Wuppertal. Gut, dass ich Pufferzeiten eingeplant habe. Bis zehn Uhr sollten wir uns im Schulungszentrum der Hartmann AG einchecken, zehn Uhr Beginn des Assessment-Centers. Den Stadtplan mit der Anfahrtskizze müsste man auch einmal überarbeiten. Na ja, von einem zukünftigen Verkäufer sollte man schließlich erwarten, dass er sich auch in fremden Städten zurechtfindet.

Schwachpunkte in der eigenen Biografie?

Das Zimmer ist ja ganz ordentlich, etwas spartanisch, na gut, die eine Nacht bekommen wir schon rum. Welche Voraussetzungen die anderen wohl mitbringen? Meine Schulabschlüsse sind ja ganz okay und das Reden ist mir ja auch nie schwer gefallen. Aber die Sache mit der Bundeswehr?! Und das Studium war auch etwas lang. Na egal, die anderen kochen auch nur mit Wasser. Sitzt die Krawatte? Daran muss ich mich auch erst noch gewöhnen …

Mal schaun, ob die anderen schon da sind. Die Mitbewerber, Konkurrenten, Mitstreiter, Rivalen, Kampfgenossen im Job-Ring – einer kommt durch. Du bist ganz schön einsam in diesen Minuten vor dem großen Kampf.

In der Halle vor der Arena haben sie Kaffee und Plätzchen für uns aufgebaut. Ein Teil der anderen ist schon da, der Rest findet sich nach und nach ein. Hallo, man begrüßt sich, die Zimmer sind ganz okay, nicht? Eine nette junge Dame, wie sich später herausstellt Psychologin von Beruf, huscht von Bewerber zu Bewerber, fragt nach unseren Namen, stellt sich vor und bittet uns, die Namensschildchen anzuheften, die man für uns vorbereitet hat. So lernen wir Sie schneller kennen, sagt sie, das ist dann nicht so unpersönlich. Aufgefallen ist mir nur, dass sie bei der jungen Blonden mit dem forschen Auftreten etwas mehr gelächelt hat. Na ja, Genossinnen im Kampf um die Gleichberechtigung unter sich.

Vorstellung, Namensschilder…

Kurz vor zehn wird es dann etwas unruhig. Vier arrivierte Herren, elegant gekleidet und mit ausdrucksstarkem Gesicht, mischen sich unter das Volk in der Halle, jeder von ihnen gleicht einem Schicksalsgott. Sie begrüßen jeden von uns, freundlich und mit einem Lächeln auf den Lippen versuchen sie uns die Scheu zu nehmen. Meine Hände sind etwas feucht, aber meine Stimme klar und deutlich.

Die Psychologin tritt dann wieder in Aktion, fordert uns und die arrivierten Herren auf in die Arena zu kommen, wo der Kampf gleich losgehen sollte. Sie sagt das natürlich freundlicher; überhaupt gibt sie sich alle Mühe der Situation etwas von ihrem Schrecken zu nehmen. Der Raum, in den sie uns bittet, ist hell und angenehm. Wir sitzen alle auf etwas unbequemen Stühlen im Kreis, auch die arrivierten Herren und die Psychologin, kein Tisch als Schutz. Die Psychologin beginnt. Sie freut sich mit uns, dass wir heil und wohlbehalten im Schulungszentrum der Hartmann AG angekommen sind. Und natürlich dürfen wir stolz darüber sein, dass wir zu den Auserwählten gehören. Dann erklärt sie uns mithilfe einer Art Tafelersatz, eines Flipcharts, wie sich dieser große Notizblock auf einem noch größeren Ständer mit den weit abstehenden Standbeinen nennt, wie die beiden Tage ablaufen werden. Zuerst wird einer der arrivierten Herren, den sie als Verkaufsleiter ausweist, uns die Hartmann AG vorstellen, dann sind wir selbst dran mit der Vorstellung. Jeder muss einen Steckbrief von sich anfertigen. Dann Pause. Danach die erste Übung,

Eröffnung

Mittagessen, wieder eine Übung, wieder Pause, noch 'ne Übung, Abendessen mit gemütlichem Beisammensein, morgens um neun Uhr soll es weitergehen, Übung, Pause, Übung, Mittagessen, zum Abschluss dann nach einer längeren Pause die Rückmeldung, wie sie das nennt, bei der wir dann wohl erfahren, wer als Sieger aus den beiden Tagen hervorgegangen ist. Nach dieser Orientierung, mit der ich noch so wenig anzufangen weiß wie die Psychologin mit den staksigen Beinen des Flipcharts, an denen sie sich ständig verhakt, stellt uns die Dame die anderen Herren des Gremiums vor, das sie als Beobachterkonferenz tituliert. Alles erfahrene Herren aus dem Verkauf, für den wir ja als Verkäufer ausgesucht werden sollen. Dann noch ein paar persönliche Worte zu sich selbst. 33 Jahre ist sie, hätt' ich nicht gedacht, verheiratet auch, die Liste der Hobbys und beruflichen Erfahrungen ist beeindruckend, dagegen wird sich mein Steckbrief eher kümmerlich ausnehmen.

Zunächst mal ein Überblick

Vorstellung der Hartmann AG durch den arrivierten Herrn, der als Leiter des Verkaufs eingeführt wurde: Er berichtet eindrucksvoll über die Erfolge und die Geschäftstätigkeit der Hartmann AG, beschreibt das Aufgabengebiet, für das wir uns beworben haben. Kein Beruf ist so herausfordernd, so anspruchsvoll, stellt so viele Anforderungen an die Persönlichkeit, an das Wissen und die soziale Kompetenz, wie er das nennt, wie der Beruf eines Verkäufers. Ich werde etwas kleiner in meinem Stuhl. Sympathisch ist, dass ich auch ein klein wenig Nervosität bei dem referierenden Herrn verspüre, auch er verhaspelt sich an der einen oder anderen Stelle, vertauscht Worte, spricht Sätze nicht perfekt zu Ende. Das macht Mut. Ob die Beobachter das wohl auch registrieren?

Zum „Warmwerden“

Der Steckbrief ist schnell gemacht. Fünfzehn Minuten hatten wir Zeit, nach fünf war ich fertig. Einigen meiner Mitstreiter ging es ähnlich, kurzer Erfahrungsaustausch, in der Not kommt man sich näher. Fang an, dann hast du es hinter dir, sage ich mir. Den Steckbrief auf die Pinwand genagelt und dann mit möglichst sicherer Stimme zu den einzelnen Stichworten gesprochen. Du stehst mit beiden Beinen auf der Erde, beschwöre ich die Lockerheit meiner Beinmuskulatur. Nach den ersten Worten verschwinden die weichen Knie, ich werde sicherer, sogar ein kleiner Scherz gelingt mir. Na wer sagt's denn, das wäre geschafft. Den anderen geht es auch nicht besser, das sehe ich ihnen an, aber wesentlich schlechter sind sie auch nicht. Die armen Beobachter, nach dem zehnten Steckbrief sieht man ihnen die Ermüdung schon etwas an. Die Pause haben sich alle verdient.

Es wird ernst

Die Psychologin stellt uns die erste Übung vor. Es geht um eine Diskussion, die wir in der Gruppe führen sollen. Jeder bekommt einen kurzen Text mit dem Thema, Tische werden in die Mitte geräumt. Die Beobachter bleiben auf ihren Stühlen sitzen, jeder ein Klemmbrett mit verschiedenen Zetteln als Schreibunterlage in seinem Arm. Dann sitzen wir alle da und warten.

Wer fängt an? Meine Strategie aus der Steckbriefübung, als Erster vorzupreschen, verfängt diesmal nicht. Ein etwas hagerer Mittzwanziger fährt mir in die Parade, ergreift das Wort und versucht als Erstes einmal festzustellen, worüber wir eigentlich reden sollen. So gerate ich ein wenig ins Hintertreffen, denn sofort reden fast alle gleichzeitig. Ich schweige – Ruhe und Übersicht ausstrahlen, denke ich mir, nur so kannst du wieder Boden wettmachen. An geeigneter Stelle greife ich ein, versuche zum Kern des Themas mittels einer knackigen These vorzudringen, doch der Hagere würgt mich wieder ab. Ich schweige, versuche aber meine Irritation hinter interessierten Blicken zu verbergen. Die Blonde kommt mir zu Hilfe, meint, man solle sich doch noch einmal mit meiner These auseinander setzen, und so bin ich wieder im Spiel.

Freies Spiel der Kräfte

Ich wiederhole, untermauere, führe aus, ein wahrer Redeschwall strömt aus meinem Mund, bis ich ermattet innehalte. Auch die anderen sind etwas erschlagen ob dieser vehementen Ausführungen. Jemand meint, er könne sich meiner Meinung anschließen. Allerseits zustimmendes Nicken. Ratlosigkeit macht sich breit, worüber sollen wir noch reden, wenn wir alle einer Meinung sind. Hier erweist sich der Hagere als Helfer in der Not. Er meint, es sei sinnvoll alles noch einmal zusammenzufassen, tut es und es schließt sich eine heftige Diskussion darüber an, ob seine Zusammenfassung auch den

Kern der Sache trifft. Die Lager spalten sich, ich wiederhole einige Male, was ich vorher schon so ausführlich dargestellt hatte, ein munteres Treiben entbrennt, das die Psychologin mit dem Hinweis beendet, wir hätten uns nun das Mittagessen verdient.

Mittagspause

Die Psychologin und die Beobachter kommen erst nach der Suppe und verschwinden auch nach dem Hauptgericht wieder. Tauschen wohl ihre Eindrücke aus, viel mitgeschrieben haben sie ja. Unsere Unterhaltungen werden etwas lockerer, die Konkurrenten bekommen Gesichter und Namen, wir tauschen uns aus über unsere Erfahrungen und Eindrücke. Coole, Nervöse, Sympathische, Widerlinge, alle sind vertreten, alle verbindet uns dieses Assessment-Center.

Vorbereitung unter Zeitdruck

Nach dem Essen bekommen wir eine neue Aufgabe gestellt. Wir sollen eine Rede halten. Zwischen drei Themen dürfen wir wählen. Vorbereitungszeit zwanzig Minuten. Zwanzig einsame Minuten, trotz der Tasse Kaffee und des gelegentlichen Auftauchens der Psychologin, die fragt, ob wir mit der Zeit zurechtkämen. Natürlich nicht, möchte ich sagen, aber wer traut sich schon. Ich sinne nach über den Kunden von morgen, mache mir Stichworte, schreibe ganze Sätze hin, streiche sie durch, grabe in meinem Hirn erfolglos nach Zitaten, bis ich von der netten Psychologin aufgefordert werde wieder in unseren Raum zu kommen. Dort werden wir in zwei Gruppen aufgeteilt, aus Zeitgründen, wie man uns sagt, vielleicht wollen die Beobachter aber auch ihre Beobachtungsfähigkeit nicht strapazieren, die zehn Steckbriefe stecken ihnen sicher noch in den Knochen. Froh bin ich, dass Erich aus Dortmund und der lange Werner auch in meine Gruppe kommen – zwei Gesichter, die mir nicht unsympathisch sind.

Unsere Vorträge gleichen sich erstaunlich – trotz verschiedener Themen. Am Anfang ein unsicheres Räuspern, fast jeder ist zu schnell, verhaspelt sich hin und wieder, nur gut, dass wir ein Rednerpult haben, an dem man sich festhalten kann. Der Tiefgang unserer Ausführungen gleicht dem eines Schiffes im Wattenmeer bei Ebbe. Aber alle bemühen wir uns ein wichtiges Gesicht zu machen. Alle sind wir mit Ernst bei der Sache, überkonzentriert und besorgt Wirkung zu erzielen.

Nur der lange Werner nimmt alles nicht so tierisch ernst. Souverän, wie er das macht, inhaltlich hat er zwar auch nicht viel drauf, aber er spielt nicht, sondern füllt seine Rolle überzeugend aus. Es macht Spaß ihm zuzuhören.

Unerreichbare Beobachter

Ich beobachte die Beobachter beim Beobachten. Das Wortspiel amüsiert mich. Was wohl in ihren Köpfen vorgeht? Sie sind so unerreichbar und doch so bedrohlich wirklich. Alle schauen und hören sie konzentriert hin, aber worauf sie achten, kann ich ihren registrierenden Blicken nicht entnehmen. Ihr Kopf ist eine vornehme Blackbox, ihre Notizzettel in den Klemmbrettern sind Geheimdossiers, unerreichbar, geheimnisvoll, und doch so wichtig für mich und die anderen. Mir fällt auf, dass ich nicht mehr nur an mich denke, wir werden zur Gruppe, auch wenn wir alle alleine kämpfen. Mit der Zeit sieht man auch bei den Beobachtern die ersten Spuren ihrer ernsten Tätigkeit, die Krawatten lockern sich, die erste Jacke hängt über der Stuhllehne, der Duft von Cool water zerläuft in der schwitzigen Atmosphäre des Raums. Man sieht ihnen die Anstrengung an. Fast hat man ein wenig Mitleid. Alle freuen sich auf die Pause.

Intensiver Austausch mit der anderen Gruppe. Wie war's bei euch? Halb so schlimm. Nur der Robert, der Hagere da hinten, hatte einmal kurz einen Black-out. Aber das macht ja heute nichts mehr, damit kann man ja schließlich auch Bundeskanzler bleiben. Alle lachen und scherzen weiter. Die Psychologin lächelt immer noch freundlich über ihre Tasse Kaffee hinweg, fragt zwischen zwei Keksen, wie wir uns fühlen, muntert uns auf, nur noch eine Übung heute, dann käme der wohlverdiente Feierabend. Es ist wirklich erstaunlich, wie sehr sie sich um uns bemüht. Ein heiterer Mensch ist sie, eine gute Seele, die mir viel Unsicherheit nimmt.

Prioritäten setzen!

„Postkorb“ heißt die nächste Übung. Wir werden isoliert. Jeder allein an einem Schreibtisch vor einem längeren erläuternden Text und einer Reihe Papiere, die er bearbeiten soll, als wäre er schon in dem Job, für den er sich bewirbt. Wie in der Schule bei einer Klassenarbeit arbeitet jeder für sich, ab und zu schaut einer auf, knabbert an seinem Kuli oder Bleistift, wühlt sich in den Haaren, blickt versonnen zur Decke, Köpfe rauchen, die Psychologin führt Aufsicht, lächelt immer noch nett und verständnisvoll, die Beobachter beobachten, was sie wohl sehen, während wir schreiben? Einer schaut ständig auf die Uhr. Ich bin als einer der Ersten fertig, wie damals bei meiner Fahrprüfung. Nur dass mich hier keiner besorgt fragt, ob irgendetwas mit mir wäre, weil ich doch so schnell fertig sei. Die Psychologin nimmt lediglich lächelnd meine Zettel in Empfang und bittet mich im Vorraum zu warten, bis die anderen auch fertig sind, denn zum Abschluss des Tages sollen noch einmal alle zusammenkommen. Nach und nach treffen die anderen im Vorraum ein. Wir vergleichen unsere Lösungen. Keine beängstigenden Abweichungen, das ist gut.

Wie bei einer Klassenarbeit

Die Abschlussrunde ist kurz, der Tag war aufregend und anstrengend, allen ist die Erschöpfung anzumerken. Während wir uns auf den Zimmern für das Abendessen frisch machen, treffen sich unsere Beobachter zu einer Auswertungsrunde. Die Psychologin moderiert, sagt sie, sie selbst greife nicht in die Bewertung ein. Von ihr geht also keine Gefahr aus, denke ich, vielleicht ist sie mir deshalb so sympathisch geworden.

Das Essen ist wirklich gut, alle, auch das Personal, geben sich wirklich Mühe mit uns. Schließlich sind wir die human resources von morgen, denke ich, wenigstens einige von uns. Aber es ist gut zu wissen, dass man pfleglich mit diesem Kapital umzugehen scheint. Mein Wunsch zu denen zu gehören, die am Ende ausgewählt werden, wird stärker. Im Laufe des Abends trifft man sich im Kaminzimmer. Einige von uns sind spazieren gegangen, andere haben Zerstreuung beim Fernsehen gesucht. Die Spannung vom Vormittag hat sich etwas gelegt, es wird getrunken – halt!, nicht so viel, das könnte einen schlechten Eindruck machen –, gelacht. Wir haben Spaß miteinander, aus den Konkurrenten ist eine Gruppe geworden. Schade, dass wir nicht alle … Na ja, so ist das eben im Leben. Nach und nach treffen auch die Beobachter ein. Sie haben ernste Gesichter. Man sieht ihnen die Anstrengung an. Auch die Psychologin lächelt nicht mehr ganz so ungezwungen nach zwölf Stunden konzentrierter Arbeit.

Entspannung vom ersten Tag

Ich komme ins Gespräch mit einem von ihnen. Morgens hatte er sich vorgestellt mit sicherer, fester Stimme als Chef für die Verkaufseinheit Nord, über zwanzig Jahre Berufserfahrung in verschiedenen Unternehmen, verheiratet, zwei Kinder, teurer Anzug, eine Erscheinung, die Respekt einflößt. Er bestellt für mich ein Bier mit, noch eins in aller Ruhe, wie er sagt, und wir sprechen über mein Lieblingshobby. Er segelt genau so gerne wie ich. Segeln sei für ihn wie eine Sucht. Gott sei Dank machen seine Frau und seine Kinder mit, sonst hätte man gar kein Familienleben. Aber auf dem Wasser könne man sich so richtig entspannen, seine Familie ein Team, das Wochenende eine Entschädigung für täglich zwölf Stunden harte Arbeit. Es ist spät geworden. Er bemerkt meine Unruhe, fragt, wie ich den Tag erlebt hätte, ob ich müde sei und ins Bett wolle, so viel Einfühlungsvermögen hätte ich ihm nicht zugetraut. Noch eins zum Abschluss, sagt er. Als ich ins Bett gehe, bin ich kaputt, aber entspannt. Der morgige Tag schreckt mich nicht mehr.

Rollenspiele

Beim Frühstück sehen einige von uns etwas müde aus, aber die Stimmung ist gut. Die Manager frühstücken mit uns, die Psychologin lächelt wieder erholt. Die letzte Runde kann beginnen. Rollenspiele sind angesagt. Wir sind fiktive Verkäufer und Kunden. Verhandeln, argumentieren, hinterfragen, ermitteln Bedarfe, überzeugen, versuchen es zumindest. Die Beobachter vollbringen wahre Meisterleistungen, sie schreiben ununterbrochen etwas auf ihre Zettel auf den Klemmbrettern. Manager bei der Arbeit zu sehen hat etwas ungemein Beeindruckendes. Ab und an denke ich ans Segeln. Aber Herr Kern, der Kapitän mit der Wochenendfamilie, ist zu beschäftigt um auf meine Blicke zu reagieren. Ich werde wieder etwas nervöser, denn die Entscheidung naht. Von Glück und Unglück trennt uns jetzt nur noch das persönliche Interview, das jeder von uns noch führen muss.

Nach den Rollenspielen sind in der Kaffeepause alle nun wieder etwas stiller. In den Gesichtern steht die Spannung geschrieben, kaum noch Gespräche, und wenn, bleiben sie sehr an der Oberfläche. Ich schreibe mir schnell noch die Adresse des langen Werner auf. Wir wollen uns auf jeden Fall wieder treffen. Dann beginnen die Interviews. Ich bin erst in der zweiten Runde an der Reihe. Die Zeit nutze ich um auszuchecken, packe meinen Koffer schon einmal ins Auto. Ob ich ihn wieder einmal raushole um hier ein paar Tage zu verbringen? Nur nicht ablenken lassen, denke ich, so kurz vor dem Ziel. Die halbe Stunde bis zum persönlichen Gespräch dauert unheimlich lange. Die Psychologin sieht mir die Spannung an, verwickelt mich in ein Gespräch. Sie erzählt von ihrer Studienzeit, dann ist es soweit, ich sitze beim Verkaufsleiter. Auch das noch, sage ich mir, aber ich nehme meine ganze Kraft zusammen um mich auf mein Gegenüber zu konzentrieren. Wir sprechen über mein Leben, die wichtigsten Stationen werden ausgeleuchtet. Warum ich ausgerechnet Verkäufer werden will. Als Akademiker findet man doch bestimmt etwas anderes, etwas wo man nicht so schuften muss um seine Brötchen zu verdienen. Ich erzähle von einem Bekannten meines Vaters, ebenfalls Verkäufer, erzähle, wie er mich beeindruckt hat mit seiner Art auf Leute einzugehen. Ja, selbstständiger Kaufmann zu sein, das war schon immer etwas Reizvolles für mich, Freiheit, Risiko, Kompetenz ... Ich bemerke, dass ich eigentlich meinen Gesprächspartner beschreibe. Er lächelt – ob er etwas bemerkt hat?

Und noch ein Einzelinterview

Das Gespräch ist schnell vorüber. Die Manager, unsere Beobachter – der Verkaufsleiter, der dem Bekannten meines Vaters so ähnelt, der sympathische Segler, der kleine lustige Leiter einer Filiale und der nervöse blonde Marketingspezialist –, sie alle ziehen sich mit unserer lächelnden Psychologin zum Konklave zurück. Das Warten beginnt. Während wir essen, entscheiden die anderen. Und obwohl wir noch einmal von der Küche und der Bedienung verwöhnt werden, während die anderen ja schließlich arbeiten, fühle ich mich so mies wie schon lange nicht mehr. Auch die Blicke der anderen verraten nichts Gutes. Überall Spannung, keiner hat so recht Appetit. Das Warten dauert unendlich lange. Ab drei Uhr könnten wir mit einer Rückmeldung rechnen. Seien Sie aber nicht böse, wenn es etwas länger dauert. Wir nehmen uns Zeit, damit wir Ihnen gerecht werden, hat die Psychologin in der Abschlussrunde gesagt. Sie fehlt mir jetzt mit ihrem Lächeln. Ich glaube, den anderen geht es auch so. Wenigstens bekommen wir heute noch Bescheid, sagt einer, bei einem Studien-

Spannung beim Warten

kollegen hat man ganz auf die Rückmeldung verzichtet, da kam der Bescheid mit der Post. Einladung zu einem weiteren Gespräch oder Absage. Zehn Tage hat das gedauert. Da sind wir schon besser dran.

Ich denke an meine Leute zu Hause. Was sie wohl sagen werden, wenn ich nicht genommen werde. Von Rosel gibt's bestimmt einen liebevollen Kuss. Vater hat gleich gesagt, dass ich kein Verkäufer bin; er sähe mich lieber hinter einem Schreibtisch als Finanzjongleur oder Controller oder so. Na ja, vielleicht klappt es ja beim nächsten Mal. Die Bewerbung bei der Veritas läuft ja noch und die bei Siemens auch ... Rauch steigt auf, es ist viertel vor drei. Die haben aber schnell entschieden. Ist das ein gutes oder schlechtes Zeichen?

Feedback

Vier von uns werden aufgerufen. Gott sei dank bin ich dabei, doch die Psychologin sagt, das habe nichts zu bedeuten. Die anderen können auch noch hoffen. – Dann bin ich beim Segler an Bord. Er sitzt mir an einem Tisch gegenüber, lächelt wie beim Bier gestern abend. Na, wie fühlen Sie sich, fragt er. Geschafft und gespannt, aber sonst ganz gut. Er spannt mich nicht länger auf die Folter und teilt mir das Ergebnis mit: Ich hab's geschafft! Wir reden noch eine Zeitlang über die Beobachtungen bei den einzelnen Übungen, meine Lösung beim Postkorb hat ihn sehr beeindruckt, Redenhalten müsse ich noch üben, in der Gruppendiskussion war ich souverän. Es ist ein angenehmes Gespräch. Ich erfahre viel über mich, meine Wirkungen, meine Stärken, meine Schwächen.

Im Vorraum treffe ich einige der anderen; alle sind irgendwie erleichtert, wenn auch der eine oder andere seine Enttäuschung nur schlecht verbergen kann. Vier von uns haben sie genommen, die anderen treffen sich vielleicht bei einem anderen Assessment-Center wieder. Nach einer Tasse Kaffee verabschiede ich mich von denen, die noch da sind. Im Stau bei Wuppertal denke ich, es waren zwei lange Tage, aber zwei gute, wichtige Tage für mich und die anderen.

Lernen Sie sich selbst kennen!

Man kann alle Leute eine Zeitlang zum Narren halten und man kann auch einige Leute die ganze Zeit zum Narren halten, aber man kann nicht alle Leute die ganze Zeit zum Narren halten.

Abraham Lincoln

Schauspieler haben keinen Erfolg

Machen Sie sich und anderen nichts vor

Zur Vorbereitung auf ein Assessment-Center benötigen Sie keinen Schauspielunterricht. Es hat keinen Sinn den Beobachtern eineinhalb oder zwei Tage etwas vorspielen zu wollen und Sie tun sich auch selbst damit gar keinen Gefallen. Erstens: Wenn Sie erfolgreich schauspielern, werden Sie vielleicht für eine Position ausgesucht, die gar nicht Ihren spezifischen Fähigkeiten entspricht. Das merken Sie spätestens dann, wenn Ihnen die Arbeit keinen Spaß mehr macht oder, schlimmer, wenn Sie bei Ihrer Tätigkeit erfolglos sind und den Job wechseln müssen. Zweitens ist es verdammt schwer ein oder zwei Tage einer Gruppe von erfahrenen Beobachtern etwas vormachen zu wollen, denn in einem AC müssen Sie ja in den verschiedensten Situationen bestehen und nicht alles kann vorhergeplant und eingeübt werden.

Tun Sie sich also erst gar nicht den Stress der Schauspielerei an und verhalten Sie sich möglichst natürlich, eben so, wie Sie sind. Das kommt bei den Beobachtern am besten an, denn alle wissen, dass niemand perfekt ist, und Ecken und Kanten machen zusammen mit den kleinen Schwächen, die wir alle haben, uns Menschen sympathisch und prägnant. Die Zeit der aalglatten Karrieristen geht langsam aber sicher vorüber.

Niemand ist perfekt!

Die erfolgreichste Art sich auf ein AC vorzubereiten:

- Verschaffen Sie sich eine klare Vorstellung von der Position, für die Sie sich bewerben, und
- erarbeiten Sie sich eine realistische Einschätzung der eigenen Stärken und Schwächen.

In diesem Kapitel werden wir Ihnen zu beiden Punkten Hilfestellungen geben.

Ihre Wunschposition

Sie haben sich nach reiflichen Überlegungen für einen Job entschieden; die Aufgaben sind Ihnen klar, so halbwegs wenigstens, auch das für die Bewerbung nötige Vertrauen in Ihre eigenen Fähigkeiten haben Sie aufgebracht. Neben der Bewerbung sollte der erste Schritt der Vorbereitung nun darin bestehen, sich noch einmal genau zu überlegen, welche Tätigkeiten oder Aufgaben mit dem Job verbunden sind, für den Sie sich entschieden haben; danach sollten Sie sich dann fragen, zu welchen Tätigkeiten welche Anforderungen gehören. Unter Anforderungen versteht man dabei die fachlichen und persönlichen Voraussetzungen, die man für die Aufgabe oder Tätigkeit benötigt.

Die Wunschposition analysieren

Dazu zwei Beispiele:

- Sie bewerben sich für eine Position im Produktmanagement, die einen hohen Arbeitseinsatz erfordert und mit viel

Hektik verbunden ist; Anforderungen, die man in diesem Fall ganz sicher von Ihnen verlangen wird, sind „Einsatzbereitschaft“ und „Belastbarkeit“.
- Oder Sie streben eine Aufgabe im Verkauf an. Dann müssen Sie auf jeden Fall die Anforderungen „Kontaktfähigkeit“ und „gutes sprachliches Ausdrucksvermögen“ erfüllen.

Job-spezifische Anforderungen

Die Konstrukteure von ACn stellen so zu jedem Job, für den man die geeigneten Kandidaten aussucht, spezielle Anforderungslisten auf, die dann als Basis für die Auswahl der Übungen herangezogen werden und als Grundlage für die Beobachtung dienen. Damit Sie sich ein Bild davon machen können, wie solche Anforderungslisten aussehen, haben wir für drei typische „AC-Jobs“ Anforderungslisten entwickelt.

Anforderungsprofil für einen **Verkäufer im Außendienst:**
- Flexibilität
- sprachliche Ausdrucksfähigkeit
- äußeres Erscheinungsbild
- Zuverlässigkeit
- Einsatzbereitschaft
- Belastbarkeit
- Kontaktfähigkeit
- Selbstständigkeit
- Verhandlungsgeschick
- Mobilität

Anforderungsprofil für einen **Spezialisten** (beispielsweise einen Naturwissenschaftler, der im Team mit anderen Kollegen im Bereich Forschung und Entwicklung für neue Produkte tätig ist):
- Fachwissen
- Auffassungsgabe
- Kreativität
- Konzentration und Ausdauer
- Zuverlässigkeit
- Analysefähigkeit und Urteilsvermögen
- Kollegialität und Kooperationsfähigkeit

Anforderungsprofil für eine **Führungsnachwuchskraft:**

- Auffassungsgabe
- Flexibilität
- Zuverlässigkeit
- Analysefähigkeit und Urteilsvermögen
- Entscheidungsfreude
- Einsatzbereitschaft und Belastbarkeit
- Kollegialität und Kooperationsbereitschaft
- Kontaktfähigkeit
- Konfliktfähigkeit und Durchsetzungsvermögen
- Integrationsfähigkeit
- Informationsverhalten

Variable Rahmenbedingungen

Diese Listen erheben nicht den Anspruch auf Vollständigkeit. So kann zum Beispiel für die Position einer Führungskraft in einem international tätigen Unternehmen Mobilität unbedingt notwendig sein, während Mobilität für ein lokal tätiges Unternehmen völlig unwichtig ist. Darüber hinaus ist nicht jedes dieser Kriterien gleich wichtig. In Abhängigkeit von den jeweiligen Positionen sind Prioritäten festzulegen.

Es wird also deutlich, dass sich ein Anforderungsprofil aus der Definition des Aufgabenbereichs und möglicherweise besonderen Rahmenbedingungen ergibt.

Ein guter Einstieg zur Ermittlung der Aufgaben und Anforderungen Ihrer Wunschposition ist fast immer eine Analyse entsprechender Stellenanzeigen. Es lohnt sich also einen genauen Blick in die Wochenendausgaben von überregionalen Tageszeitungen zu werfen. Als Beispiel haben wir auf der folgenden Seite einmal zwei Stellenanzeigen aus der FAZ wiedergegeben.

Aber dann zu Ihnen: Welche Aufgabengebiete werden für die Position genannt, die Sie anstreben? Die Aufgaben, die in Anzeigentexten genannt werden, haben natürlich die höchste Priorität, weil der Stellenanbieter damit den Kernbereich der zu besetzenden Position beschreibt. Aber vielleicht können Sie die ausdrücklich genannten Aufgaben noch um solche ergänzen, die typischerweise zu diesem Berufsbild gehören und die aus irgendwelchen Gründen nicht eigens genannt wurden.

Aufgaben und Anforderungen

WELLA

Wir sind ein erfolgreiches, international tätiges Unternehmen der Haarkosmetik und Körperpflege. Mit unseren bekannten Marken sprechen wir einen breiten Konsumentenkreis erfolgreich an. In allen wichtigen Märkten der Welt sind wir mit eigenen Tochtergesellschaften vertreten.

Innerhalb unseres Category Managements suchen wir eine/n

Product-Manager/in mit internationaler Ausrichtung

für die erfolgsorientierte Führung von globalen Marken.

Sie bestimmen in entscheidender Funktion alle wichtigen Faktoren des Marketing-Mix, erarbeiten in Zusammenarbeit mit wichtigen Märkten neue Konzepte und sind für die erfolgreiche Weiterentwicklung bestehender Marken verantwortlich. Ein modernes Management-Informations-System liefert die Informationsbasis und lässt Erfolge deutlich werden.

Als geeignete/r Kandidat/in haben Sie ein wirtschaftswissenschaftliches Studium absolviert und können bereits mehrere Jahre Erfahrung im Produktmanagement der Markenartikelindustrie, idealerweise im Kosmetikmarkt, vorweisen. Die Methoden des Marketing-Mix sind von Ihnen erfolgreich angewandt worden. Internationale Ausrichtung, Teamfähigkeit und entsprechende Sprachkenntnisse können Sie vorweisen.

Wir bieten Ihnen eine herausfordernde Tätigkeit in einem dynamischen Team sowie Karrierechancen, die innerhalb des internationalen Wella-Konzerns vielseitig sind.

Sind Sie interessiert? Dann senden Sie uns bitte Ihre aussagefähigen Bewerbungsunterlagen.

Für telefonische Vorabinform
nalreferat Retail – unter der
gung.

Ausgezeichnete Zukunftsperspektiven

Als führender **Hersteller von Handwerkzeugen** mit Niederlassungen in verschiedenen europäischen Ländern zählt unser Klient zu den renommierten Adressen seiner Branche.
Eine konsequente Expansion sowie der Aufbau neuer Märkte sind die Grundlage für die überdurchschnittlichen Erfolge des Unternehmens. Für den Firmensitz in Süddeutschland suchen wir Ihre verantwortliche Mitarbeit als

Verkaufsleiter/in

Geschäftsfeld: DIY-Europa

Ihre Aufgaben

-Aufbau und Entwicklung des neuen DIY-Geschäftsfeldes
-Konzeption von Marktstrategien
-Gestaltung des Produktprogramms
-Akquisition von Neu-Kunden
-Vertriebscontrolling

Ihre Qualifikation

-Diplom-Betriebswirt
-Vertriebs- u. Marketingerfahrung
-Erfahrungen im DIY-Bereich
-Alter etwa 35 Jahre
-Strategische Fähigkeiten
-PC-Kenntnisse
-Verhandlungssicheres Englisch

Unser Angebot

-Herausfordernde Tätigkeit im expansiven Unternehmen
-Attraktive Vergütung
-Freiraum für innovative Arbeitsweise
-Umgebung mit Freizeitwert

Wir freuen uns auf Ihre Bewerbung. Für telefonische Informationen steht Ihnen Herr Dr. Britsch zur Verfügung. Sie erreichen ihn samstags von 18-20 Uhr oder mittwochs von 9-17 Uhr unter 0761/25437. Ihre Bewerbung richten Sie bitte unter Kennziffer B 122 an

DBU **DR. BRITSCH UNTERNEHMENSBERATUNG**
Karlstraße 13, 79104 Freiburg

Wunsch-Position: ______________________________

____

____

____

____

____

____

____

____

Kreuzen Sie nun bitte in der folgenden Checkliste die Anforderungen an, die – laut Anzeigentext bzw. gemäß Ihrer Einschätzung – zu Ihrer Wunschposition gehören.

Checkliste: Anforderungskriterien

Welche der Anforderungskriterien sind für Ihre Wunschposition bedeutsam? Natürlich spielen viele dieser Kriterien in der einen oder anderen beruflichen Situation eine Rolle. Überlegen Sie daher, welche der Anforderungskriterien für Ihre Wunschposition die wichtigsten sind. Wählen Sie 8 bis 10 Kriterien aus.

Auswahl-Checkliste

☐ **Fachwissen**

☐ **Auffassungsgabe**
Dinge rasch auffassen und begreifen, logisch denken

Anforderungskriterien

- ☒ **Flexibilität**
  sich auf unterschiedliche Partner und Situationen schnell einstellen und angemessen reagieren
- ☒ **Kreativität**
  neue Ideen erzeugen, zu Problemstellungen unterschiedliche Alternativen entwickeln
- ☒ **Konzentration und Ausdauer**
  über längere Zeit konzentriert und aufmerksam arbeiten, auch bei komplexen Aufgaben konstante Arbeitsleistungen erbringen, positives Engagement
- ☒ **Arbeitstempo**
  schnell und zügig arbeiten
- ☒ **Ausdrucksfähigkeit**
  sich sprachlich klar ausdrücken, flüssig formulieren, Gedankengänge verständlich ausdrücken
- ☒ **Erscheinungsbild**
  angenehmes äußeres Erscheinungsbild, gute Umgangsformen
- ☒ **Organisation und Planung**
  Übersicht haben, gegliedert vorgehen, verschiedene Arbeitsabläufe aufeinander abstimmen
- ☐ **Zuverlässigkeit**
  zuverlässig und verantwortungsbewusst vorgehen, gewissenhaft und unbestechlich sein
- ☒ **Analysefähigkeit und Urteilsvermögen**
  wichtige Aspekte eines Problems erkennen, Zusammenhänge kritisch hinterfragen, selbstständig urteilen, Ursachen erkennen
- ☐ **Risikobereitschaft**
  risikofreudig sein, viel wagen
- ☐ **Entscheidungsfreude**
  sich schnell entschließen, auch mit wenigen Informationen entscheiden können
- ☐ **Einsatzbereitschaft**
  leistungsbereit und engagiert arbeiten, aktiv an Aufgaben herangehen
- ☒ **Belastbarkeit**
  bei hohen Anforderungen bzw. hohem Zeitdruck sachlich statt emotional reagieren, ruhig und ausgeglichen sein

☒ **Kollegialität und Kooperationsfähigkeit**
gleichberechtigt mit anderen zusammenarbeiten, andere unterstützen, sich nicht auf Kosten anderer durchsetzen

☒ **Kontaktfähigkeit**
von sich aus auf andere zugehen, Gespräche beginnen, Kontakte aufbauen und pflegen, anderen Vertrauen entgegenbringen

☐ **Selbstständigkeit**
unabhängig und eigenständig agieren, von sich aus aktiv werden, nicht leicht zu beeinflussen sein

☐ **Konfliktfähigkeit und Durchsetzungsvermögen**
konfliktbereit sein, eigene Ziele nicht aus den Augen verlieren, eigene Standpunkte auch gegen Widerstände durchsetzen

☒ **Zukunftsorientierung**
aufgeschlossen sein für Neuerungen, über die Zukunft nachdenken, neue Entwicklungen fördern, frühzeitig die Weichen stellen

☒ **Integrationsfähigkeit**
unterschiedliche Interessen auf ein Ziel ausrichten, anderen aus Schwierigkeiten helfen, erkennen, wo und wodurch Konflikte entstehen, und Lösungen anstreben, Spielregeln definieren

☐ **Anpassungsfähigkeit**
Kompromisse suchen, auf andere eingehen, sich einfügen können

☐ **Verhandlungsgeschick**
Verhandlungen zielorientiert führen, Gemeinsamkeiten herausarbeiten, klare Konditionen herausarbeiten

☒ **Mobilität**
räumliche Beweglichkeit, hohe Reisebereitschaft

☒ **Lernbereitschaft**
sich ständig weiterbilden, experimentierfreudig sein, sich selbst kritisch betrachten können

☒ **Informationsverhalten**
andere regelmäßig mit Informationen versorgen, keine wichtigen Informationen zurückhalten, sich Zeit nehmen für Gespräche

Anforderungen und Selbsteinschätzung

In der folgenden Checkliste „Selbsteinschätzung“ tragen Sie bitte zuerst in der linken Spalte die wichtigsten Anforderungskriterien ein. In der mittleren Spalte notieren Sie dann eigene Verhaltensweisen, aus denen erkennbar wird, dass Sie diese Anforderungen grundsätzlich erfüllen können. Versuchen Sie schließlich in der dritten Spalte eine Selbsteinschätzung, in welchem Maß Sie die genannten Anforderungen glauben erfüllen zu können – abgestuft nach 5 Graden von „viel zu wenig“ bis „voll“.

Beispiel:
Sie bewerben sich auf eine Position als **Verkäufer im Außendienst**. Wichtige Anforderungskriterien sind unter anderem „Kontaktfähigkeit“ und „Mobilität“:

Die wichtigsten Anforderungskriterien für meine Wunschposition	Selbstbeschreibung	Selbsteinschätzung zum Kriterium viel zu wenig … voll
Kontakt-	finde leicht Kontakt;	○----○----○----○----☒
fähigkeit	spreche gerne fremde	○----○----○----○----○
	Leute an; komme	○----○----○----○----○
	mit jedem ins Ge-	○----○----○----○----○
	spräch	○----○----○----○----○
Mobilität	mache gerne Reisen;	○----○----☒----○----○
	kann mich ganz	○----○----○----○----○
	gut orientieren	○----○----○----○----○

Checkliste: Selbsteinschätzung

Die wichtigsten Anforderungskriterien für meine Wunschposition	Selbstbeschreibung	Selbsteinschätzung zum Kriterium viel zu wenig … voll
Fachwissen	gutes Überblickswissen zu vielen Bereichen; in manch. Bereichen Details	○ - - - ○ - - - ⊗ - - - ⊗ - - - ○
Auffassungsgabe	recht gut durch ständige Weiterbildung / manchmal Blockade	○ - - - ○ - - - ⊗ - - - ⊗ - - - ○
Flexibilität	kann mich gut auf unterschiedl. Personen + Situationen einstellen aber: Pa[illegible]	○ - - - ○ - - - ⊗ - - - ⊗ - - - ○
Kreativität	oft neue Ideen durch Vorlage, weniger aus mir heraus	○ - - - ⊗ - - - ⊗ - - - ⊗ - - - ○
Konzentration / Ausdauer	recht hoch, wenn es auch schwer fällt	○ - - - ○ - - - ⊗ - - - ⊗ - - - ○
Ausdrucksfähigkeit	kann oft gut auch komplexe sowie einfache Dinge rüberbringen, könnte aber besser sein	○ - - - ○ - - - ⊗ - - - ⊗ - - - ○
Erscheinungsbild (auch: gute Umgangsformen)	sehr gut, bis auf nicht durch gestylte Haare / Umgangsformen: besser	○ - - - ○ - - - ⊗ - - - ⊗ - - - ○
Analysefähigkeit + Urteilsvermögen	Analysefähigkeit sehr gut trainiert (auch durch Veranstaltungsarbeit, …)	○ - - - ○ - - - ○ - - - ⊗ - - - ⊗
Kollegialität / Kooperationsfähigkeit	sehr gut, keine Bestrebungen, auf Kosten anderer zu leben; Unterstütz[illegible] viel	○ - - - ○ - - - ○ - - - ⊗ - - - ⊗
Kontaktfähigkeit	kommt noch darauf an, [illegible] sein / kann das gut! fällt mir aber nicht leicht	○ - - - ○ - - - ⊗ - - - ⊗ - - - ○
Zielorientierung	Neugierig, daher [illegible] wollen aber nicht auf jeden Fall auf [illegible]	○ - - - ○ - - - ○ - - - ⊗ - - - ⊗
Integrationsfähigkeit	ja, aber sehr unterschiedl. evtl. nicht klar genug	○ - - - ○ - - - ⊗ - - - ⊗ - - - ○
Informationsverhalten	muß ich bewusste / gezielte machen	○ - - - ○ - - - ⊗ - - - ⊗ - - - ○
Arbeitstempo	je nach Sicherheit / Unsicherheit	○ - - - ○ - - - ⊗ - - - ○ - - - ○
Belastbarkeit	hoch was Ruhe angeht; körperlich nicht so gut	○ - - - ○ - - - ⊗ - - - ⊗ - - - ○
Orga + Planung	gut, denke immer an alle Schritte	○ - - - ○ - - - ○ - - - ⊗ - - - ○

Lernbereitschaft — sehr hoch; [illegible]

Sehen Sie sich zum Abschluss Ihre Selbsteinschätzung an. Sie können jetzt leicht erkennen, bei welchen Anforderungskriterien Ihre besonderen Stärken für die Aufgabe liegen und bei welchen Kriterien Sie noch am meisten dazulernen müssen.

Markieren Sie die Spalten mit Ihren besonderen Stärken und den auffälligen Schwächen.

Mit dieser Selbsteinschätzung haben Sie schon viel für die Vorbereitung auf ein AC getan. Sie fragen sich vielleicht nun, woran denn die Beobachter feststellen können, ob die eine oder andere Anforderung erfüllt ist oder nicht. Zu diesem Zweck ordnet ein AC-Veranstalter den einzelnen Anforderungen Beobachtungsmerkmale zu, die gesehen und beurteilt werden können. Wie eine solche Liste mit Anforderungskriterien und Beobachtungsmerkmalen aussieht, zeigt die nächste Abbildung. Ihr liegt ein Anforderungsprofil für Führungskräfte zu Grunde.

Anforderungen und Beobachtungsmerkmale

Auch diese Liste können Sie dazu benutzen, um sich selbst besser kennen zu lernen. Kreuzen Sie auch hier in der rechten Spalte an, wie Sie sich selbst einschätzen.

Anforderungsprofil für eine Führungsnachwuchskraft

Anforderungskriterien	Beobachtungsmerkmale, die gesehen und beurteilt werden können	Selbsteinschätzung zum Kriterium viel zu wenig … voll
Loyalität	• hält an den vereinbarten Zielen – auch gegen Widerstand – fest (zum Beispiel Verschwiegenheit) • ist „anständig“, „redlich“ und „rechtschaffen“ • hält auch in kritischen Situationen zum Unternehmen, seinen Vorgesetzten und Mitarbeitern	○----○----○----○----○
Verbindlichkeit	• redet nicht „um den heißen Brei“ • man kann sich auf seine/ihre Aussagen verlassen • hält Versprechen ein • hält gemeinsame Ergebnisse fest	○----○----○----○----○

Anforderungskriterien	Beobachtungsmerkmale, die gesehen und beurteilt werden können	Selbsteinschätzung zum Kriterium viel zu wenig – voll
Teamfähigkeit	• greift Meinungen und Ideen von anderen auf und verfolgt sie im Rahmen der Zielsetzung weiter • setzt sich nicht auf Kosten anderer durch • setzt keine Machtmittel ein • hilft anderen aus Schwierigkeiten • teilt Erfolgserlebnisse mit anderen • definiert Spielregeln • beherrscht das aktive Zuhören • erkennt, wann er nachgeben muss • erkennt potenzielle Interessenskoalitionen	○----○----○----○----○
Belastbarkeit	• Arbeitsqualität bleibt auch unter steigenden Anforderungen qualitativ auf gleichem Niveau • ist emotional stabil • verfügt über hohe Ausdauer • verfügt über hohe Frustrationstoleranz	○----○----○----○----○
Konfliktfähigkeit	• erkennt, wo und wodurch Konflikte entstehen, und strebt Lösungen an • geht auf Mitarbeiter/Kollegen ein ohne sein Ziel bzw. Konzept aufzugeben • schätzt die eigene Wirkung auf andere realistisch ein • reagiert auf Angriffe nicht aggressiv • richtet unterschiedliche/konkurrierende Interessen auf ein Ziel aus	○----○----○----○----○
Ausgeprägte Kontaktfähigkeit	• geht von sich aus auf andere zu • beginnt von sich aus das Gespräch • zeigt bei Fremden keine Nervosität/Unsicherheit • verschafft sich schnell Akzeptanz • bietet Beratung an • bringt anderen Vertrauen entgegen	○----○----○----○----○

Anforderungskriterien	Beobachtungsmerkmale, die gesehen und beurteilt werden können	Selbsteinschätzung zum Kriterium viel zu wenig — voll
Mobilität	• ist bereit längere Dienstreisen zu machen	○---○---○---○---⊗
Lern- und Veränderungsbereitschaft	• hält sein Allgemeinwissen und vor allem sein Fachwissen auf dem neuesten Stand • steht neuen Dingen aufgeschlossen gegenüber • akzeptiert und verarbeitet kurzfristig Veränderungen • löst sich von eingefahrenen Wegen • stellt sich auf wechselnde Situationen ein	○---○---○---⊗---○
Organisationsfähigkeit	• hält Absprachen ein • hält Zeiten ein • erledigt seine Aufgaben bis ins Detail • verschafft sich Überblick, bevor er Maßnahmen ergreift • verteilt Aufgaben an andere • behandelt seine Aufgaben systematisch und vorausschauend	○---○---○---○---⊗
Ausreichendes Allgemeinwissen	• d. h. eine ausreichende allgemeine Bildung zusätzlich zum Fachwissen	○---○---○---⊗---⊗
Initiative	• formuliert eigene Arbeitsziele • erledigt anstehende Arbeiten von sich aus • verrichtet Aufgaben ohne Druck durch andere • ist bereit Neues zu erkunden und zu initiieren • strebt danach, die Ergebnisse der eigenen Arbeit zu verbessern	○---○---○---⊗---○
Überzeugungskraft	• andere suchen seinen Rat • andere übernehmen seine Ideen, Ziele und Methodenvorschläge	○---○---○---⊗---⊗

Anforderungskriterien	Beobachtungsmerkmale, die gesehen und beurteilt werden können	Selbsteinschätzung zum Kriterium viel zu wenig … voll
Überzeugungskraft	• andere akzeptieren seine Führungsrolle • seine Argumente erzeugen keine Widerreden • unterstützt eigene Argumente mit Beispielen und Vergleichen	○----○----○----○----○
Motivationsstärke	• sucht und organisiert Führungsrolle • ist in der Lage andere für sein Ziel zu begeistern und einzunehmen • berücksichtigt Gefühle/ Probleme und geht auf sie ein • argumentiert positiv und bestätigt andere in ihrem Tun	○----○----○----○----○
Ausgeprägte Begeisterungsfähigkeit	• reißt andere durch sein „Machen" mit • hat Spaß an seiner Tätigkeit und am Erfolg	○----○----○----○----○
Zielstrebigkeit	• verliert Ziele nicht aus den Augen und erinnert an die Ziele • setzt eigene Ziele auch gegen Widerstände durch • vermeidet Umwege • entzieht sich nicht Konkurrenzsituationen • gibt auch bei Rückschlägen nicht auf	○----○----○----○----○
Sicheres Auftreten	• zeigt Selbstsicherheit und Standvermögen • argumentiert souverän	○----○----○----○----○
Vernetztes Denken	• erkennt an, dass es keine endgültigen Lösungen gibt • weiß, dass jeder Teil des Systems ist • sieht Mehrdeutigkeit und Unsicherheit als natürlich an	○----○----○----○----○

Selbstbild – Fremdbild

Die eigene Einschätzung ist ein erster wichtiger Schritt um sich selbst kennen zu lernen. Zur Vorbereitung eines ACs ist es aber unerlässlich sich eine Rückmeldung darüber einzuholen, wie Sie auf andere wirken. Denn auch im AC werden Sie von anderen gesehen und beurteilt.

Wenn Sie sich über Ihre eigenen Wirkungen im Klaren sind, wenn Sie also Bescheid wissen, wie Ihre Mitmenschen Sie wahrnehmen und welche Ihrer Verhaltensweisen welche Reaktionen bei Ihren Mitmenschen auslösen, können Sie ganz erheblich an Sicherheit gewinnen. Und das ist eine gute Voraussetzung um in einem AC zu bestehen.

Holen Sie sich also Rückmeldungen zu Ihrem Verhalten und zu Ihrer Person!

Es gibt verschiedene Möglichkeiten, wie Sie das tun können ohne ins amateurhafte Psychologisieren abzugleiten.

Bitten Sie Freunde um eine Einschätzung

Suchen Sie eine oder mehrere Personen Ihres Vertrauens. Sprechen Sie diese darauf an, dass Sie mehr über sich und Ihre Wirkungen auf andere erfahren wollen und dass Sie dabei auf Hilfe angewiesen sind. Eine gute Grundlage für derartige Gespräche, die eher ungewöhnlich sind und für die wir keine Übung haben, kann die folgende Eigenschaftsliste sein. Bitten Sie Ihren Gesprächspartner Sie anhand dieser Liste – abgestuft von 0 bis 5 – einzuschätzen. Füllen Sie die Liste parallel dazu aus. Tauschen Sie sich dann über die einzelnen Einschätzungen aus, lassen Sie sich erläutern, aufgrund welcher Ihrer Verhaltensweisen Ihr Gesprächspartner zu seiner Einschätzung gelangt ist usw. Wichtig ist, dass Sie sich zunächst einmal in Ruhe anhören, was Ihnen Ihr Gegenüber zu sagen hat. Viele verfallen in den Fehler sich rechtfertigen zu wollen, wenn eine Rückmeldung einmal nicht ganz so schmeichelhaft ist. Hören Sie einfach zu, denken Sie in Ruhe darüber nach, was Sie über sich erfahren haben, vergleichen Sie die Wirkungen Ihrer Handlungen mit Ihren Motiven und entscheiden Sie sich, ob Sie etwas ändern wollen oder nicht. Denn auch die der Rückmeldung zu Grunde liegende Wahrnehmung Ihres Partners ist ja nicht das Maß aller Dinge, sondern nur eine mögliche Sicht, nämlich die subjektive Sicht Ihres Partners.

Vergleichen Sie mehrere Rückmeldungen

Darum ist es gut sich mehrere Rückmeldungen zu holen. So wird man sich mit der Zeit seiner Wirkungen auf andere bewusst und kann auf einer soliden Basis entscheiden, wo man sich ändern will und wo nicht.

Eigenschaften abgestuft zuordnen

Checkliste: Selbstbild – Fremdbild

	0	1	2	3	4	5
sachlich-nüchtern						
selbstbewusst						
tatkräftig, aktiv						
temperamentvoll						
anpassungsfähig						
selbstbeherrscht						
zuverlässig						
aufgeschlossen						
begeisterungsfähig						
vielseitig						
ehrgeizig						
geltungsbedürftig						
impulsiv						
kontaktfreudig						
einfühlend/sensibel						
ausgeglichen						
kompromissbereit						
freundlich						
ungeduldig						
hilfsbereit						
fähig andere zu beeinflussen						
autoritär						
warmherzig						
unsicher						

Kritische Gesprächspartner suchen

Zur Vorbereitung eines ACs ist es eine gute Hilfe, wenn Sie Ihre Selbsteinschätzung zu den Aufgaben und Anforderungen einer Stelle mit einer Person Ihres Vertrauens durchgehen. Wählen Sie hierzu nicht unbedingt jemanden aus, von dem Sie wissen, dass er eine ähnliche Sicht der Dinge hat wie Sie. Suchen Sie sich kritische Gesprächspartner, am besten mit einiger Lebens- und Berufserfahrung. Mithilfe dieser Personen werden Sie viel über Ihre Eignung für die angestrebte Position erfahren und können quasi schon ein Einstellungsinterview im Selbsttest simulieren.

Wenn Sie verschiedene Gespräche geführt haben, sollten Sie sich noch einmal in Ruhe hinsetzen und für sich resümieren, wo Ihre persönlichen Stärken liegen, die Sie in die Waagschale werfen können, und an welchen Schwächen Sie intensiv arbeiten wollen.

Mein Stärken-/Schwächenprofil

Meine Stärken:	Das will ich tun, damit sie erhalten bleiben bzw. damit ich sie ausbaue:
allg.: aufgeschlossen, verständnisvoll, zuverlässig, einfühlend	bewussten Verhalten/Handeln: hinterfragen und nicht nur, weil es "bequem" o.ä. ist!

Meine Schwächen:	Das will ich tun um sie abzubauen:
wenig begeisterungsfähig, wenig temperamentvoll, nicht sehr ausgeglichen, ? autoritär? ? geltungsbedürftig?	eher an der Einstellung arbeiten: positiver, begeisterter + gelassener ins Leben sehen

in Bezug auf Job: mehr Mut, weniger Angst, [illegible] auf Kreativität

Vor dem Assessment-Center

Zweifle nicht
an dem
der dir
sagt
er hat Angst
aber habe Angst
vor dem
der dir sagt
er kennt keinen Zweifel
Erich Fried

Wenn Sie dieses Buch gut durchgearbeitet haben und gut ausgeschlafen sind, brauchen Sie sich eigentlich keine Sorgen hinsichtlich Ihres Abschneidens im Assessment-Center zu machen. Sie sind gut vorbereitet, haben hoffentlich eine realistische Selbsteinschätzung Ihrer Stärken und Schwächen entwickelt, wissen so in etwa, auf welche Übungen Sie treffen und was dabei von Ihnen erwartet wird, und motiviert sind Sie auch. Was kann also schon passieren? Machen Sie sich darüber hinaus immer bewusst, dass es keine Schande ist bei einem Auswahlverfahren – gleich welcher Art – durchzurutschen. Ein bisschen Glück und die richtige Form zur richtigen Zeit gehören eben auch dazu. Denken Sie an Ihre Stärken und vertrauen Sie sich selbst ein wenig, das ist das beste Mittel gegen Nervosität. Ein bisschen nervös zu sein ist im Übrigen völlig normal und sogar hilfreich, denn das Adrenalin steigert Ihre Auffassungsgabe und Reaktionsfähigkeit. Stören Sie sich also nicht an weichen Knien und feuchten Händen, den anderen geht es genauso und auch die veranstaltenden Personalleute und Führungskräfte wissen, wie Ihnen zumute ist, und versuchen meistens so gut es geht auf Ihre Situation einzugehen. Wenn dann aber erst einmal der erste Schritt gemacht ist, verfliegen Nervosität und Angst recht schnell.

Nützlich: Selbstvertrauen und ein kleiner Adrenalinschub

Überhaupt sehen die anderen viel weniger, als man zunächst meint. Lassen Sie sich also nicht beunruhigen von der ungewohnten Beobachtungssituation, wagen Sie Ihren ersten Schritt, sie werden sehen, es lohnt sich.

Am Tag vorher

Treiben Sie Sport? Hören Sie gerne Musik? Gehen Sie gerne in die Sauna? Gönnen Sie sich am Tag vor dem AC irgendetwas Gutes. Oder machen Sie sich ganz einfach einen schönen Abend im Kreis der Familie, mit Freunden oder Bekannten. Trinken Sie aber nicht zu viel Alkohol, denn dadurch wird Ihre Konzentrationsfähigkeit am nächsten Tag – auch ohne „Kater“ – ganz erheblich beeinträchtigt.

Am Tag des Assessment-Centers

Reisen Sie rechtzeitig an! Kalkulieren Sie bei Autofahrten auf jeden Fall Staus mit ein! Wählen Sie nach Möglichkeit den Zug, denn Zugfahren strengt weniger an. Denken Sie daran, dass Sie Ihre Energie für das AC benötigen und nicht für das Autofahren. Wenn Sie eine weite Anreise haben, klären Sie mit dem Unternehmen ab, ob es möglich ist einen Tag vorher anzureisen. Geht das nicht, übernachten Sie eventuell auf eigene Kosten; das ist immer noch besser und letztlich günstiger als zu früh aufzustehen und dafür schon nach wenigen Stunden, kaum dass das Assessment-Center begonnen hat, bereits wieder mit Müdigkeit zu kämpfen.

Korrekte, aber bequeme „Arbeitskleidung"

Ihre Kleidung sollte auf jeden Fall korrekt und ordentlich sein. Sie müssen aber nicht unbedingt Ihr kleines Schwarzes oder Ihren Dunkelblauen herausholen. Orientieren Sie sich mit der Wahl der Kleidung daran, wie Sie später an Ihrem Arbeitsplatz gekleidet sein müssen. Im Zweifel ist es aber besser das vornehmere Outfit zu wählen als betont lässig zu wirken. Achten Sie bei der Wahl Ihrer Kleidung aber darauf, dass sie bequem ist. Denn Sie müssen darin arbeiten, und zwar in der Regel ziemlich hart. Für die Abende können Sie sich dann ordentliche Freizeitkleidung in den Koffer packen. Und vergessen Sie das Schwimmzeug nicht, denn viele Hotels haben heute ein Schwimmbad, das Sie ganz hervorragend zum Entspannen nach einem anstrengenden Assessment-Center-Tag nutzen können.

Wenn Sie nicht „auf den letzten Drücker" kommen, haben Sie vor dem AC noch Zeit sich schon einmal mit Ihren Mitstreiter/Innen bekannt zu machen. Nutzen Sie diese Gelegenheit, sprechen Sie die anderen an. Es ist gut schon im Vorfeld Bekanntschaften zu schließen, das macht sicher und baut Nervosität ab.

Ein Tipp: Trinken Sie nicht so viel Kaffee vor der Veranstaltung oder in den Pausen. Sie sind nervös genug und Ihre Blase wird es Ihnen danken.

Bausteine und Ablauf eines Assessment-Centers

Die meisten Assessment-Center greifen auf Standardbausteine zurück, die dann für den jeweiligen Zweck, d.h. entsprechend den jeweiligen Anforderungen der Position und der Schwerpunkte, die das Unternehmen bei der Auswahl setzt, individuell maßgeschneidert werden.

Standardbausteine eines Assessment-Centers für die Bewerberauswahl sind:

- Eröffnung/Vorstellungsrunde der Bewerber (!)
- Gruppendiskussionen (!)
- Vorträge, Kurzreferate
- Rollenspiele (!)
- Postkorbübung
- Fallstudien
- Interview (!)
- Tests
- Abschlussrunden/Rückmeldung (!)

Manchmal werden auch Planspiele in Auswahl-AC eingesetzt; häufiger findet man diese allerdings in Personal-Entwicklungs-Seminaren.

Auf (fast) alles können Sie sich vorbereiten

Zu jedem dieser Bausteine finden Sie in den folgenden Kapiteln Erläuterungen, Übungen und Tipps für die Vorbereitung. Für ein bestimmtes AC werden sie individuell ausgewählt und kombiniert. Es kommt also nicht jeder Baustein in jedem AC vor. Auf die mit einem (!) gekennzeichneten Bausteine dürften Sie allerdings in der Regel immer treffen.

Assessment-Center und...

Muster-AC zur Auswahl von Führungskräfte-Trainees

			1. Tag
bis		10.00	Anreise
10.00	–	11.00	Eröffnung und Vorstellung des Unternehmens
11.00	–	12.00	Vorstellungsrunde der Teilnehmer
12.00	–	13.00	Tests
13.00	–	14.30	Mittagspause
14.30	–	16.00	Gruppendiskussion
16.00	–	18.00	Fallbeispiele
			2. Tag
8.30	–	11.00	Rollenspiel „Mitarbeitergespräch"
11.00	–	13.00	Postkorb
13.00	–	14.00	Mittagspause
14.00	–	16.30	Interviews
16.30	–	...	Rückmeldegespräche

Muster-AC zur Auswahl von Verkäufern

		1. Tag
bis	14.00	Anreise
14.00	– 15.00	Vorstellung des Unternehmens bzw. der Teilnehmer
15.00	– 17.00	Gruppendiskussion
17.00	– 19.00	Fälle aus der Verkaufspraxis/Präsentation der Ergebnisse
		2. Tag
8.30	– 11.00	Rollenspiel „Kundengespräch"
11.00	– 12.30	Postkorb
12.30	– 13.30	Mittagspause
13.30	– 15.30	Interviews
15.30	– ...	Rückmeldegespräche

Personalentwicklungsseminar für Führungsnachwuchskräfte

... ein Personal-Entwicklungs-Seminar

		1. Tag
9.00	– 11.00	Vorstandsreferat „Märkte von morgen"
11.00	– 13.00	Gruppenarbeit „Führung 2000"
13.00	– 14.30	Mittagspause
14.30	– 16.30	Rollenspiele zum Thema „Beurteilung"
16.30	– 18.00	Diskussion mit dem Personalchef
		2. Tag
8.30	– 11.00	Fallstudien aus dem Unternehmen
11.00	– 13.00	Präsentation der Ergebnisse, Kurzreferate
13.00	– 14.30	Mittagspause
14.30	– 16.30	Rollenspiele „Schwierige Kunden"
16.30	– 18.00	Diskussion mit dem Leiter des Kundendienstes
		3. Tag
8.30	– 13.30	Unternehmensplanspiel
13.30	– 14.30	Mittagspause
14.30	– 17.00	Rückmeldegespräche
17.00	– 17.30	Abschlussrunde

Der Eröffnungs-baustein

> *Bevor du sagst,*
> *du kannst es nicht,*
> *versuch es!*
> *S. Toyoda*

Präsentation des Unternehmens

Am Anfang eines Assessment-Centers werden die Teilnehmer in der Regel von dem Moderator der Veranstaltung begrüßt und in den Ablauf eingewiesen. Häufig wird dann von einem höherrangigen Manager, der meistens auch als Beobachter eingesetzt wird, das Unternehmen präsentiert. Schließlich stellen sich auch die Beobachter vor. Sie sagen etwas zu ihrer Person, zu ihrer Funktion im Unternehmen und beschreiben ihre Rolle beim Assessment-Center.

Achten Sie bei der Präsentation des Unternehmens auf Aussagen, in denen „Firmenphilosophie" und Selbsteinschätzung zum Ausdruck kommen. Versuchen Sie außerdem sich Namen und Funktion der Beobachter zu merken.

Dann sind Sie und mit Ihnen alle anderen Bewerber an der Reihe. Es gibt verschiedene Formen der Kandidatenvorstellung, von denen wir nun die wichtigsten vorstellen werden.

Steckbrief

Die erste Arbeitsanweisung

ARBEITSANWEISUNG:

Sie haben die Aufgabe sich mithilfe eines persönlichen Steckbriefs vorzustellen. Der Steckbrief sollte enthalten:

- was wir über Ihre Person wissen sollten
- Hobbys (auch ausgefallene)
- Vorlieben/Abneigungen
- was Ihnen heute Morgen so durch den Kopf ging

Zeichnen Sie nun Ihren Steckbrief. Ihrer Fantasie sind dabei keine Grenzen gesetzt!
Stifte und Papier liegen vorn bereit.
Zeit: 20 Minuten

Diese Übung wird relativ häufig eingesetzt. Achten Sie bei der Herstellung des Steckbriefs darauf, dass Sie groß genug und leserlich schreiben. Denn nur so können auch die etwas weiter zurück sitzenden Teilnehmer und Beobachter Ihren Steckbrief lesen. Schreiben Sie lediglich Stichworte auf das Papier und keine ganzen Sätze. Wenn Sie einigermaßen gut zeichnen können, ist es zu empfehlen den Steckbrief mit einigen Bildchen, Karikaturen oder Skizzen zu versehen. Hier sind Ihrer Kreativität keine Grenzen gesetzt.

Blickkontakt halten

Anhand der Stichworte oder der Bilder sollten Sie dann in freier Rede Ihren Steckbrief den anderen präsentieren. Bei der Vorstellung achten Sie bitte darauf, dass Sie dem Publikum nicht den Rücken zukehren. Ein schöner Rücken kann zwar auch entzücken, aber Ihr Gesicht ist den anderen lieber. Und reden Sie bitte nicht zu lang, die anderen Teilnehmer wollen ja auch noch zu Wort kommen.

Partner-Interview

Fast ebenso häufig wie der Steckbrief wird das Partner-Interview eingesetzt. Beim Partner-Interview muss sich jeder Kandidat einen Partner suchen und ihn zur Person und anderen interessanten Dingen befragen.

Die Aufgabe einen anderen vorzustellen

ARBEITSANWEISUNG:

Suchen Sie sich einen Partner und interviewen Sie ihn zu folgenden Punkten
- Name
- Alter
- Werdegang
- Hobbys, besondere Interessen
- spezielles Interesse für den Beruf
- Warum gerade Unternehmen X?

Das Interview sollte ca. 15 Minuten pro Person dauern. Danach stellen Sie bitte Ihren Partner im Plenum vor. Für das Interview können Sie sich einen beliebigen Platz suchen, eine Tasse Kaffee trinken oder spazieren gehen.

Beim Partner-Interview kommt es darauf an, seinem Gegenüber nicht nur die harten Fakten zur Person zu entlocken, sondern auch Originelles über ihn in Erfahrung zu bringen. Fragen Sie also nach persönlichen Erlebnissen, lustigen und traurigen, und bauen Sie diese dann in die Vorstellung Ihres Gesprächspartners ein. So wird Ihr Partner ein lebendiger Mensch für die anderen. Notieren Sie sich bitte die Stichworte zu dem Interview leserlich, denn Sie werden schnell nervös oder verhaken sich, wenn Sie Ihre eigene Schrift nicht lesen können. Nehmen Sie sich nach dem Interview noch etwas Zeit um eine Struktur in Ihre Vorstellungsgeschichte zu bringen.

Wenn Sie an der Reihe sind, sprechen Sie langsam und deutlich und versuchen Sie Blickkontakt mit den Zuhörern zu halten. Kleine Versprecher sind kein Problem, lassen Sie sich dadurch nicht aus der Ruhe bringen.

Gruppenvorstellung

Im Gegensatz zu den Einzelvorstellungen werden bei dieser Übung Gruppen zu jeweils vier Personen gebildet. Diese Gruppen bekommen die Anweisung in einem Diagramm jeweils das Wichtigste zur Person festzuhalten, aber auch Gemeinsamkeiten der Gruppe herauszuarbeiten.

Präsentation als kleinere Gruppe

ARBEITSANWEISUNG:

Bilden Sie jeweils Gruppen zu vier Personen. Interviewen Sie sich gegenseitig und halten Sie die Ergebnisse in folgendem Diagramm fest:

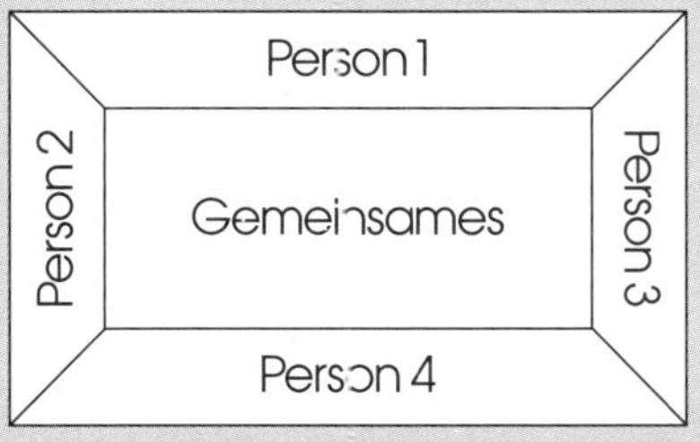

Das Ergebnis stellen Sie uns bitte im Plenum vor. Achten Sie darauf, dass alle in die Vorstellung einbezogen werden.

Wichtig: Teamarbeit

Bei dieser Vorstellungsform geht es nicht nur um das Einzelergebnis, es wird bereits im ersten Schritt darauf geschaut, wie Sie als Team zusammenarbeiten. Deshalb wird diese Form häufiger in Personal-Entwicklungs-Seminaren als in ACn eingesetzt. Wie bei den anderen Vorstellungsrunden ist es auch hier sinnvoll sich für den Vortrag eine kleine Dramaturgie zu überlegen und die Rollenverteilung vorzunehmen. Die könnte in etwa so aussehen: Einer stellt das Team namentlich vor und erläutert, wie die Präsentation ablaufen soll. Der Zweite stellt die persönlichen Daten und Biografien von zwei Gruppenmitgliedern vor, der Dritte die nächsten beiden, während der Vierte die Gemeinsamkeiten beschreibt. Auf diese Art und Weise haben sich alle mit relativ gleichwertigen Teilen beteiligt.

Der erste Eindruck

Darauf achten die Beobachter Die Eröffnungssituation ist sozusagen noch ein Schonraum für die Kandidaten eines ACs. Im Allgemeinen wird hier auf eine konkrete Beobachtung mithilfe von Beobachtungsbogen verzichtet. Die Kandidaten sollen sich an die Umgebung und die Beobachtungssituation gewöhnen. Dennoch muss man sich bewusst sein, dass die Beobachter natürlich Informationen zur Person durch diese Runde erhalten. Die Bedeutung des ersten Eindrucks ist jedermann bekannt. Wie sicher jemand auftritt, wie flüssig er spricht, wie leicht jemand mit eigenen kleinen Versprechern umgeht, ob jemand Blickkontakt sucht, wie strukturiert er spricht und seine Unterlagen aufbereitet, wie sicher er steht, wie ideenreich jemand seine Präsentation gestaltet, der Grad der Nervosität, alles das sind Dinge, die man als Beobachter wahrnehmen kann. Alle diese Eindrücke bilden dann die zumindest unbewusste Grundlage für die weiteren strukturierten Beobachtungen während der nächsten Übungen.

TIPPS Die Eröffnungssituation

- Die vordringlichste Frage bei Vorstellungsrunden ist: Wer ergreift die Initiative und fängt mit der Vorstellung an? Hier gilt die Regel: Es kann nie schaden der Erste zu sein. Nur in den seltensten Fällen legen Ihnen die Beobachter diese Initiative zu Ihrem Nachteil aus; etwa dann, wenn deutlich wird, dass Sie andere abdrängen und sich in den Vordergrund spielen wollen, oder wenn nach der Vorstellung allzu deutlich wird, dass Sie froh sind die Übung hinter sich zu haben. Im Allgemeinen wird man aber Ihre Initiative und Ihren Mut positiv registrieren.

Initiative wird positiv registriert

- Als Erster angetreten zu sein ist auch gut für das eigene Selbstwertgefühl und macht Mut.
- Denken Sie daran, dass der erste Eindruck sehr wichtig ist. Versuchen Sie also ruhig und entspannt zu wirken. Machen Sie sich bewusst, dass Sie mit beiden Beinen auf der Erde stehen. Konzentrieren Sie sich auf Ihre Füße und versuchen Sie den Bodenkontakt zu spüren. Das macht sicher, die weichen Knie verschwinden.
- Lächeln Sie auch ruhig einmal; wenn die Situation auch ernst und anstrengend ist, geht es doch nicht um Leben oder Tod. Suchen Sie sich eine Person, die Ihnen sympathisch ist, und bauen Sie den Blickkontakt zu dieser Person auf. Auch das macht sicher.
- Denken Sie immer an Ihre Stärken, sie werden Ihnen auch in dieser Situation zur Seite stehen.

MEIN ÜBUNGSPLAN

Die wichtigsten Daten zu meiner Person:

→ siehe Lebenslauf, plus Hobbies!

Interessante biografische Details:

ÜBUNG 1: Zeichnen Sie Ihren persönlichen Steckbrief. Präsentieren Sie diesen Steckbrief einer Freundin/einem Freund.

ÜBUNG 2: Führen Sie mit einer Person Ihres Vertrauens ein Partner-Interview durch.

Mein Stärken-/Schwächenprofil

ÜBUNG: ERÖFFNUNGSBAUSTEIN

Meine Stärken:	Das will ich tun, damit sie erhalten bleiben bzw. damit ich sie ausbaue:

Meine Schwächen:	Das will ich tun um sie abzubauen:

Gruppendiskussion

> *Wenn alle in eine Richtung gehn,*
> *kippt die Welt.*
> *Jüdische Weisheit*

Gruppendiskussionen sind ein zentraler Bestandteil von Assessment-Centern. Sie können davon ausgehen, dass in jedem AC eine oder mehrere Gruppendiskussionen eingesetzt werden. Es gibt verschiedene Formen, die aber alle eins gemeinsam haben: Die Teilnehmer werden aufgefordert als Gruppe ein bestimmtes Thema zu diskutieren. Zu welchem inhaltlichen Ergebnis die Gruppe kommt, spielt für die Auswertung der Übung meist keine Rolle. Das Wichtigste bei einer Gruppendiskussion ist, wie Sie mit dieser Teamarbeitssituation umgehen. Beobachtet und bewertet wird also Ihr Verhalten während der Diskussion.

Weniger die Inhalte, sondern das Verhalten entscheidet

Führerlose Gruppendiskussion

Sehr häufig setzen die Unternehmen so genannte „Führerlose Gruppendiskussionen" ein. Dabei sind alle Teilnehmer gleichberechtigt. Außer einer Zeitbegrenzung gibt es keine Vorschriften, wie diskutiert werden soll. In einer Diskussionsrunde sind meist zwischen 5 und 8 Kandidaten.

Ein Beispiel: Sie bekommen vom Moderator des ACs ein Informationsblatt mit folgender Aufgabenstellung:

Ein Thema wird vorgegeben

ÜBUNG „GRUPPENDISKUSSION"

In der Bundesrepublik Deutschland ist der Besuch der Universität bisher kostenlos. In anderen Ländern wie beispielsweise den USA und Großbritannien müssen Studenten dagegen für ihre Ausbildung hohe Studiengebühren bezahlen.

Bitte diskutieren Sie die Vor- und Nachteile der Einführung von Studiengebühren an deutschen Universitäten. Formulieren Sie eine gemeinsame Empfehlung, wie die zuständigen Politiker in dieser Frage entscheiden sollten.

Sie haben dafür eine Stunde Zeit.

Der Moderator liest die Aufgabenstellung einmal vor. Er fragt, ob allen klar ist, was sie tun sollen, und sagt dann, dass Sie mit der Diskussion beginnen können.

Verhalten in einer Gruppendiskussion

Es geht in einer Gruppendiskussion vor den Beobachtern des Assessment-Centers für Sie darum, das „richtige Maß" zu finden zwischen zum Teil widersprüchlichen Anforderungen:

- einerseits eigene Ziele verfolgen – andererseits das Gruppenziel verfolgen,

- einerseits eigene Vorstellungen einbringen und durchsetzen – andererseits die Wünsche und Vorstellungen der anderen Teilnehmer beachten.

Keine generellen Regeln

Dabei gibt es kein „absolut richtiges" Verhalten. Man kann nicht generell sagen: Es ist besser sich selbst stärker durchzusetzen. Oder: Es ist wichtiger auf ein gemeinsames Gruppenergebnis hinzuarbeiten als eigene Ideen zu vertreten. Was in der Gesamtbeurteilung der Gruppendiskussion positiver bewertet wird, hängt unter anderem davon ab, welche Anforderungen für die spezielle Position festgelegt worden sind (stärkere Betonung der Durchsetzung oder der Kooperation?), was der allgemeine „Stil des Hauses" ist und auch davon, was in genau dieser einen Gruppendiskussion, mit genau dieser Teilnehmerkombination aus Sicht der Beobachter angemessen war. – Mit anderen Worten: Auch in der Gruppendiskussion fahren Sie am besten, wenn Sie „Sie selbst" bleiben und sich auf Ihr Gefühl für die Situation verlassen.

Zur Orientierung geben wir Ihnen jetzt einige grundlegende Tipps, die in jeder Gruppendiskussion, und nicht nur dort, nützlich sein können.

Zunächst: zuhören!

Das Wichtigste in einer Diskussion ist zunächst nicht selber zu reden, sondern zuzuhören. Nur wenn Sie wirklich mitbekommen, was die anderen in der Gesprächsrunde sagen und vor allen Dingen meinen, können Sie „gut" diskutieren. Wenn Sie richtig zuhören, können Sie die Argumente der anderen eventuell widerlegen oder unterstützen. Sie können Anregungen und gute Ideen aufnehmen und weiterentwickeln. Sie merken, wer Ihre eigene Argumentation unterstützen kann, weil er ganz ähnlich denkt, oder wen Sie von Ihrer Lösungsidee noch überzeugen müssen. Deshalb stellen wir die „Regeln für aktives Zuhören" hier ganz an den Anfang. Sie gelten für Gruppengespräche genauso wie für Gespräche zwischen zwei Personen.

Regeln für aktives Zuhören

Voraussetzung für eigene Beiträge: eingehen auf die Gesprächspartner

Halten Sie sich zunächst zurück und nehmen Sie sich Zeit um genau zuzuhören!

Konzentrieren Sie sich auf Ihren Gesprächspartner.
Lassen Sie ihn ausreden.
Gönnen Sie sich selbst etwas Zeit um die Aussagen zu verarbeiten.

Zeigen Sie Aufmerksamkeit!

Schauen Sie den anderen an.
Zeigen Sie, dass Sie konzentriert zuhören.

Achten Sie auf Aussage und Stimmung des Gesprächspartners!

Stimmt der Inhalt mit der Ausdrucksweise überein?
Spricht der andere schnell, langsam, ruhig oder nervös?

Geben Sie Ihren eigenen Eindruck wieder!

Über den Inhalt
Über die Gefühle

Stellen Sie offene Fragen!

Offene Fragen sind W-Fragen: Wann? Wo? Wie?
W-Fragen bringen wesentlich mehr Informationen als geschlossene Fragen.
Stellen Sie keine geschlossenen Fragen (es sei denn, es geht um Entscheidungen): Fragen, die mit „Ja!“ oder „Nein!“ beantwortet werden können, bringen wenige Informationen.

Nehmen Sie den Gesprächspartner so, wie er ist!

Versuchen Sie nicht schon beim Zuhören zu bewerten.
Interpretieren Sie nicht zu viel in Aussagen hinein.
Stellen Sie Verständnisfragen (W-Fragen):
„Wie meinen Sie das, wenn Sie sagen …“

Schritte für einen guten Start

Wenn eine Gruppe gemeinsam eine Aufgabe lösen soll, und auch eine Gruppendiskussion ist eine gemeinsame Aufgabe, gibt es einige Schritte, die zu einem guten Start beitragen können.

„Starthilfen“

1. Klären Sie in der Gruppe das Verständnis der Aufgabe
Wie ist das Thema zu verstehen? Was ist gefordert? Was sollen Sie tun? Welche Art von Ergebnis müssen Sie erarbeiten?

2. Vergleichen Sie Ihre Informationen
Haben alle Teilnehmer vom „Auftraggeber“ die gleichen Informationen bekommen? Haben einige mehr Informationen als andere? Gibt es eventuell widersprüchliche oder sich ergänzende Informationen?

3. Prüfen Sie, welche „Ressourcen“ Ihre Gruppe hat
Welche Erfahrungen oder Vorkenntnisse mit dem gestellten Thema/der gestellten Aufgabe gibt es in der Gruppe? Wie wichtig sind solche Erfahrungen? Gibt es „Experten“, die besonderes Wissen einbringen können (Achtung: Nicht jeder, der sagt, er sei Experte, ist es auch)?

Diese drei Schritte müssen nicht unbedingt ganz am Anfang einer Diskussion und auch nicht in dieser Reihenfolge gemacht werden. Sie können ebenso helfen, wenn im Verlauf der Diskussion Schwierigkeiten auftreten. Und Schwierigkeiten sind bei einem Gespräch in der Gruppe, bei dem auch noch ein Ziel angestrebt werden soll, gar nicht ungewöhnlich. Denn so eine Diskussion ist ein ganz schön „komplexer“ Vorgang.

Was tue ich, wenn ...

... die Diskussion nicht in Gang kommt?
Ergreifen Sie die Initiative. Schlagen Sie zum Beispiel einen der „Schritte für einen guten Start“ vor. Stellen Sie dazu eine der entsprechenden Fragen.

… mir persönlich zu dem Thema nichts einfällt?

Wenn sich mal Schwierigkeiten einstellen

Nehmen Sie sich ruhig erst eine Weile Zeit zum Zuhören. Lassen Sie sich von den Beiträgen der anderen „inspirieren". Überlegen Sie, ob Sie einzelnen Beiträgen zustimmen oder ob Sie die Dinge anders sehen.

… wenn sich das Gespräch im Kreis dreht?
Sprechen Sie an, dass Sie diesen Eindruck haben. Fassen Sie zusammen, welche Punkte bis dahin diskutiert wurden, und nennen Sie einen neuen Aspekt, der noch beleuchtet werden kann. Wenn Ihnen gerade nichts einfällt, fragen Sie in die Runde, ob die anderen noch weitere Aspekte sehen.

… wenn ich ständig unterbrochen werde?
Sagen Sie, möglichst gelassen, dass Sie schon mehrmals unterbrochen wurden und dass Sie jetzt gerne ausreden möchten. Tun Sie es dann auch.

… wenn andere häufig unterbrochen werden?
Unterstützen Sie die anderen. Weisen Sie darauf hin, dass X auch noch etwas sagen wollte. Machen Sie eventuell den Vorschlag, dass einer eine „Rednerliste" führt.

… wenn jemand aggressiv wird?
Egal ob Sie selbst oder andere angegriffen werden: Weisen Sie in möglichst freundlichem Ton darauf hin. Versuchen Sie dabei sachlich zu bleiben und dem „Angreifer" nicht in gleicher Münze heimzuzahlen. Betonen Sie die gemeinsamen Ziele der Diskussion. Wenn Sie selbst angegriffen werden, lassen Sie sich nicht auf einen Zweikampf ein. Fragen Sie in die Gruppe, wie andere die strittigen Punkte sehen.

Weitere Beispiele für Gruppendiskussionen

Gruppendiskussion mit individueller Vorbereitung

Fast immer wird von den Veranstaltern eines Assessment-Centers die eben beschriebene spontane führerlose Gruppendiskussion eingesetzt. Daneben gibt es aber noch einige weitere Formen von Gruppendiskussionen.

Jeder sammelt „Munition“

Eine häufige Variante bei führerlosen Gruppendiskussionen ist eine Diskussion mit vorgeschalteter individueller Vorbereitung der Teilnehmer. Sie bekommen zum Beispiel eine Liste mit Fähigkeiten und Eigenschaften, die von Führungskräften verlangt werden. Der erste Teil der Aufgabe besteht darin, dass Sie für sich die Merkmale nach ihrer Wichtigkeit in eine Rangreihe ordnen sollen. Die Anforderung, die Sie für die wichtigste halten, setzen Sie auf Platz eins, die zweitwichtigste auf Platz zwei usw. Für die eigentliche Gruppendiskussion gibt es zwei Aufgabenstellungen: Die Gruppe soll eine gemeinsame Rangreihe erarbeiten. Sie selbst sollen aber auch versuchen die anderen möglichst von Ihrer Reihenfolge zu überzeugen.

Bei dieser Art von Übung gewinnt der Balanceakt zwischen dem Verfolgen der eigenen Interessen einerseits und den Gruppeninteressen andererseits besondere Bedeutung. Die Beobachter achten speziell auf die Kriterien „Konfliktfähigkeit“, „Durchsetzungsvermögen“, aber auch auf „Kooperatives Verhalten“.

Führerlose Gruppendiskussion ohne vorgegebenes Thema

Gesucht: ein Thema

Bei dieser Variante besteht die erste Aufgabe für die Gruppe darin, sich selbst ein Thema zu suchen, über das diskutiert werden soll. Bei dieser Aufgabenstellung gelten alle Tipps wie für die Gruppendiskussion mit vorgegebenem Thema. Darüber hinaus ist noch eines wichtig: Diese Übung fängt bereits mit der Auswahl des Themas an. Für die Beobachter ist also der Prozess bis zur Themenfindung mindestens so interessant wie die anschließende Diskussion. Das heißt, Sie können sich für die Themenwahl auch eine Weile Zeit lassen. Es ist besser dafür zu sorgen, dass alle mit dem Thema einverstanden sind, als ein Thema durchzudrücken um möglichst schnell „richtig" anfangen zu können.

Wichtig ist das „Wie"

Andererseits sollten Sie aber auch darauf achten, dass nicht zu viel von der Gesamtzeit für die Themenwahl verbraucht wird. Auf welches Thema Sie sich einigen, ist für die Beobachtung und Bewertung nämlich gar nicht so wichtig. Es kommt vielmehr darauf an, *wie* Sie sich einigen und *ob* Sie sich einigen. Sie können sich hier also ruhig auch auf ein Thema einlassen, das Sie selbst nicht ganz so toll finden.

Jetzt wollen wir Ihnen noch eine Anregung geben, wie man in einem „Brainstorming" ein Thema finden kann:

1. Schritt: Verschiedene Themenvorschläge sammeln. Am besten für alle sichtbar aufschreiben. Dabei ist alles erlaubt. Besonders auch verrückte oder ungewöhnliche Ideen. Es werden noch keine Bewertungen („gutes" oder „schlechtes" Thema) vorgenommen.

2. Schritt: Wenn Sie mehrere Vorschläge haben, die einzelnen Themen nacheinander durchgehen. Kurz überlegen, welche Vor- und Nachteile jedes Thema hätte (zum Beispiel allgemein, d.h. jeder kann etwas dazu sagen; man könnte sich im Gespräch verzetteln; zu abstrakt, deswegen schwierig; lustiges Thema – würde Spaß machen usw.).

3. Schritt: Entscheidung: Bei beispielsweise sechs Vorschlägen darf jeder drei Punkte vergeben (Anzahl der Punkte = Anzahl der Themen geteilt durch 2). Die Punkte darf jeder entweder auf ein Thema setzen oder auf mehrere verteilen. Das Thema mit den meisten Punkten wird dann diskutiert.

Auch dazu noch ein Kommentar: Versuchen Sie nicht um jeden Preis ein Brainstorming zu machen. Wenn ein Teilnehmer einen guten Themenvorschlag hat, dem die anderen auch zustimmen, können Sie einfach darauf eingehen. Die Themensuche muss nicht künstlich verlängert werden.

Führerlose Gruppendiskussion mit vorgegebenen Rollen

„Stellen sie sich mal vor, Sie wären … “

Bei diesem Übungstyp bekommen Sie, ähnlich wie bei einem Rollenspiel, eine Situationsbeschreibung und Ihnen wird eine bestimmte Rolle vorgegeben. Für die Diskussion müssen Sie sich in diese Rolle hineinversetzen, entsprechend argumentieren und die Interessen vertreten, die mit der Rolle verbunden sind. Dabei kennen Sie nur Ihre eigene Rolle genau. Über die Rollen der anderen Teilnehmer haben Sie lediglich allgemeine Informationen.

In einem Buch zu Assessment-Centern von Jeserich (s. Literaturhinweise) ist ein Beispiel veröffentlicht, bei dem es um einen neuen Dienstwagen geht: In einer kleineren Firma, in der mehrere Mitarbeiter einen Dienstwagen haben und brauchen, kann nur ein neuer Dienstwagen angeschafft werden. Es findet eine Diskussion unter den Mitarbeitern statt, bei der entschieden werden soll, wer diesen neuen Wagen bekommt. Jeder Mitarbeiter hat Gründe, warum gerade er den Wagen bekommen sollte. Einer fährt die meisten Kilometer, ein anderer hat das älteste Auto, ein Dritter meint, ihm als dem Ranghöchsten stünde der Wagen zu usw.

Diskussion mit Gesprächsleiter

Es kann Ihnen im AC auch passieren, dass Sie die Rolle des Gesprächsleiters übernehmen und eine Diskussion mit den anderen Teilnehmern steuern sollen.

Verantwortlich für ein Ergebnis

Ihre Hauptaufgabe ist es dann dafür zu sorgen, dass die Gruppe gut arbeiten kann. Sie sind dafür verantwortlich, dass die Ziele klar sind, dass jeder Teilnehmer die Möglichkeit hat seine Ideen einzubringen, dass die Diskussion sich nicht im Kreis dreht, sondern vorankommt usw. Dafür müssen Sie nicht unbedingt selbst alles vorgeben und fest in die Hand nehmen. Sie können die anderen um Vorschläge bitten, einzelne Aufgaben weitergeben (zum Beispiel: wichtige Zwischenergebnisse aufschreiben) und die Diskussion auch mal „laufen lassen“. Wichtig ist nur, dass Sie immer dann eingreifen, wenn die Diskussion ansonsten „leiden“ würde oder irgendwie gestört ist.

Dazu haben wir noch ein paar Tipps für den Umgang mit verschiedenen Typen von Gesprächsteilnehmern, die Ihnen in jeder Diskussion begegnen können (Quelle: Philips AG):

Kleine Typologie

Streiter: Sachlich und ruhig bleiben. Die Gruppe veranlassen seine Behauptungen zu widerlegen.
Positive: Ergebnisse zusammenfassen lassen, bewusst in die Diskussion einschalten.
Alleswisser: Die Gruppe auffordern zu seinen Behauptungen Stellung zu nehmen.
Redselige: Taktvoll unterbrechen. Redezeit festlegen.
Schüchterne: Leichte, direkte Frage stellen, sein Selbstbewusstsein stärken.
Ablehnende: Seine Kenntnisse und Erfahrungen anerkennen.
Uninteressierte: Nach seiner Arbeit fragen. Beispiele aus seinem Interessengebiet geben.
Ausfrager: Seine Fragen an die Gruppe zurückgeben.

Ein schwieriger Balanceakt

Darauf achten die Beobachter Wie schon gesagt geht es bei einer Gruppendiskussion immer darum, wie Sie mit dieser Teamarbeitssituation umgehen. Die Beobachter achten darauf, ob Sie aktiv werden und sich beteiligen, ob Sie eigene Vorstellungen zu den Inhalten der Diskussion einbringen, und auch darauf, ob Sie Vorschläge zur Vorgehensweise der Gruppe beitragen. Genauso beobachtet werden Ihre Bereitschaft und die Fähigkeit sich in die Gruppe einzuordnen und eventuell auch mal eigene Interessen zurückzustellen, wenn es dem Ziel der Gruppe nutzt.

Innerhalb dieses Rahmens können bei einer bestimmten Gruppendiskussion verschiedene Schwerpunkte für die Beobachtung gesetzt werden. Wo diese Schwerpunkte gesetzt werden und wie die Beobachtungskriterien genau bezeichnet werden, ist in den einzelnen Assessment-Centern unterschiedlich. Hier einige Beispiele für mögliche Beobachtungskriterien bei einer Gruppendiskussion:

- sozial-kommunikative Fähigkeiten wie Selbstvertrauen, Sicherheit

Belastbarkeit, Selbstkontrolle
Durchsetzungsvermögen
Überzeugungskraft, Vertreten und Begründen der eigenen Meinung
Kooperationsfähigkeit, Teamfähigkeit, Kollegialität, Sensibilität
Integrationsfähigkeit
Reaktion in Konfliktfällen, Konfliktfähigkeit
Offenheit

- Initiative, Aktivität, Dynamik, Einsatzbereitschaft, Engagement
- Zielstrebigkeit, Ergebnisorientierung

Außerdem können bei Gruppendiskussionen auch das sprachliche Ausdrucksvermögen und – bei entsprechender Aufgabenstellung – Fachwissen, Kriterien aus dem Bereich der Denkfähigkeit sowie Meinungen und Einstellungen beobachtet und beurteilt werden. Diese Beobachtungskriterien stehen bei einer Gruppendiskussion aber nicht im Vordergrund. (Mehr dazu finden Sie im Kapitel „Kurzvortrag, Referat, Präsentation".)

Nicht irritieren lassen!

Lassen Sie sich von dieser Vielfalt an Beobachtungskriterien nicht erschrecken. Sie müssen kein Zauberkünstler sein um „alle diese Anforderungen" zu erfüllen. Sie müssen sich auch nicht „viel mehr verhalten" als Sie es in einem Gespräch mit Freunden tun um für jedes Beobachtungskriterium etwas zu „bieten". Auch wenn Sie im Alltag ein x-beliebiges Gespräch zwischen mehreren Personen verfolgen, können Sie zu vielen der oben genannten Kriterien Beobachtungen machen. Weil man im Alltag aber nie so systematisch beobachtet wie in einem AC, ist man sich dessen gar nicht so bewusst, was eigentlich alles passiert, wenn einige Leute bloß miteinander reden.

Die beste Übung für eine Gruppendiskussion ist – eine Gruppendiskussion!
Setzen Sie sich mit einigen Freunden und Bekannten zusammen und führen Sie Diskussionen! Am besten sollte zumindest einer von Ihnen dabei eine Beobachterrolle einnehmen. Versuchen Sie die Tipps für eine gute Gruppendiskussion zu beachten. Wenn Sie mehrere Diskussionsrunden durchführen, können Sie verschiedene Verhaltensweisen ausprobieren. Außerdem ist es sinnvoll, wenn einige der Beteiligten im Gespräch auch einmal besondere Rollen übernehmen, also beispielsweise besonders aggressiv diskutieren, einen Zweifler spielen, der überall Bedenken anmeldet, oder besonders lange und wortreiche Beiträge abgeben. Die anderen Gesprächsteilnehmer können dann üben, wie sie mit den entstehenden schwierigen Situationen umgehen können. Vergleichen Sie anschließend Ihre eigenen Eindrücke mit denen der anderen Teilnehmer und des Beobachters.

ÜBUNG 1: Nutzen Sie das erste Beispiel aus diesem Kapitel! Veranstalten Sie eine führerlose Gruppendiskussion zu den Vor- und Nachteilen der Einführung von Studiengebühren an deutschen Universitäten.

ÜBUNG 2: Imageverbesserung für Immobilienmakler
Sie sind von Ihrer Firma in einen Arbeitskreis des Verbandes der Immobilienmakler abgesandt. Ziel ist die Imageverbesserung für den Beruf des Immobilienmaklers in der Öffentlichkeit.
Bitte bereiten Sie sich ca. 10 Minuten auf die erste Sitzung dieses Arbeitskreises vor.

ÜBUNG 3: Flexible Arbeitszeiten
In Ihrem Unternehmen findet eine Arbeitssitzung zum Thema „Flexible Arbeitszeiten" statt. Es nehmen außer Ihnen noch 5 weitere Personen teil. Dabei wurden bewusst Teilnehmer gewählt, die keine besonderen Experten für das Thema sind. Die Unternehmensleitung möchte die Meinung von „Otto Normalverbraucher" zu diesem Thema kennen lernen.

Sie haben den Auftrag diese Sitzung zu leiten.
Die Zielsetzung heißt: Erarbeiten Sie aus den bisherigen Erfahrungen aller Teilnehmer einen Überblick über verschiedene Möglichkeiten der Flexibilisierung von Arbeitszeiten. Stellen Sie jeweils die wichtigsten Vor- und Nachteile dieser Modelle heraus.
Die Sitzung beginnt in ca. 10 Minuten. Bitte bereiten Sie sich vor.

Zusätzlich zu diesen Beispielen können Sie Gruppendiskussionen natürlich zu jedem beliebigen Thema führen, das Sie interessiert, oder gerade auch einmal zu Themen, mit denen Sie sich bisher noch nicht beschäftigt haben.

Anregungen für weitere Diskussionsthemen:
- Fachthemen aus Ihrem Studienfach
- Themen aus der Branche, in der Sie sich bewerben
- aktuelle Themen aus Politik oder Wirtschaft usw.

Mein Stärken-/Schwächenprofil

ÜBUNG: GRUPPENDISKUSSION

Meine Stärken:	Das will ich tun, damit sie erhalten bleiben bzw. damit ich sie ausbaue:

Meine Schwächen:	Das will ich tun um sie abzubauen:

Rollenspiele

Blas dich nicht auf,
sonst bringt dich zum
Platzen schon ein
kleiner Stich.
Friedrich Nietzsche

In Assessment-Centern werden fast immer Rollenspiele eingesetzt. In der Regel handelt es sich dabei um Simulationsübungen von Zweiergesprächen. Je nach Tätigkeit, für die das Assessment-Center konstruiert worden ist, werden Mitarbeitergespräche, Verkaufsgespräche, Kundenreklamationen, Planungsgespräche oder andere berufliche Gesprächssituationen durchgespielt.

Gesprächsverhalten in schwierigen Zweiersituationen

Zweck eines Rollenspiels ist es, Ihr Gesprächsverhalten in schwierigen Zweiersituationen einschätzen zu lernen.

Der Ablauf eines Rollenspiels sieht meistens so aus: Der Bewerber erhält eine Rollenanweisung, auf der alle Informationen stehen, die für das Rollenspiel von Bedeutung sind, also

- persönliche Daten zur Rolle wie Name, Alter usw.,
- berufliche Daten wie Funktion, Titel usw.,
- Situationsbeschreibung, Aufgabe, um die es geht, und
- Informationen über den Gesprächspartner.

Der Gesprächspartner kann ein anderer Kandidat (beispielsweise bei Verhandlungssituationen) sein, in der Regel übernimmt diese Rolle aber einer der Beobachter. Auch dieser erhält natürlich Anweisungen zu seiner Rolle. Aber man sollte darauf gefasst sein, dass der Gesprächspartner einem die Aufgabe nicht zu leicht macht.

Vorbereitung

Nach einer kurzen Vorbereitungszeit von 5 bis 10 Minuten beginnt das Rollenspiel. Man sitzt an Tischen und Stühlen so, dass die anderen Beobachter gut das Verhalten der Gesprächsteilnehmer wahrnehmen können. Manchmal sind auch die anderen Kandidaten im Raum; allgemein wird jedoch davon abgeraten, da durch das große Publikum die Stresssituation für den Kandidaten verschärft wird und die anderen ja auch Schlussfolgerungen für ihr eigenes Gespräch durch die Beobachtung des Gesprächsverlaufs ziehen können.

Das Rollenspiel selbst dauert meistens auch nicht länger als 10, maximal 15 Minuten. Während des Rollenspiels notieren sich die Beoachter ihre Eindrücke auf den Beobachtungsbögen, nach dem Rollenspiel kann es sein, dass Sie gebeten werden sich selbst einzuschätzen, also festzuhalten, was Ihnen an Ihrem Gesprächsverhalten aufgefallen ist, wie Sie Ihre Leistung einschätzen, was zum Erreichen des Gesprächsziels beigetragen hat und was nicht.

Grundsätzlich verlangen Rollenspiele ein hohes Maß an Einfühlungsvermögen, Fingerspitzengefühl und Geschick im Umgang mit Menschen. Auf Biegen und Brechen „Durchsetzungskraft“ und „Härte“ beweisen zu wollen wäre fast immer falsch. Viele Bewerber machen schon bei der Gesprächseröffnung entscheidende Fehler, indem sie

Fehler bei der Gesprächseröffnung

- in die Darstellung des Sachverhalts ihre Meinung oder Bewertung einfließen lassen,
- ein Problem nicht als Situation, sondern als „schuldhaftes“ Verhalten beschreiben,
- ausschließlich eigene Handlungsalternativen anbieten und ihren Gesprächspartner nicht um Vorschläge bitten.

Die Gesprächseröffnung sollte das Gegenüber nicht von vornherein in die Defensive drängen, sondern ein kooperatives Verhalten ermöglichen. Allerdings sollten Sie auch die betrieblichen Interessen wahrnehmen und nicht zu nachgiebig sein.

Rollenspiel: Mitarbeitergespräch

Gemeinsame Problemlösung

In einem derartigen Rollenspiel geht es darum, dass der Vorgesetzte das Vertrauen seines Mitarbeiters gewinnt und mit ihm gemeinsam eine Lösung für das Problem erarbeitet, in diesem Fall Leistungsverbesserung im Beruf trotz privater Schwierigkeiten.

Beispiel „Private Probleme"

Rollenanweisung für den Vorgesetzten ...

ARBEITSANWEISUNG:

Ihr Name ist Karl Müller. Sie sind 40 Jahre alt und Vorgesetzter einer Gruppe von Vermessungsspezialisten. Sie haben Ihren Mitarbeiter Holger Franz zu einer Aussprache eingeladen. Herr Franz ist 48 Jahre alt, verheiratet und hat einen 14-jährigen Sohn.

Der Grund für die Aussprache:
Herr Franz hat in der letzten Zeit vermehrt fehlerhafte Vermessungsprotokolle abgeliefert. Er wirkt müde, unkonzentriert und überfordert, obwohl er erst vor kurzem seinen Urlaub genommen hatte.
Darüber hinaus ist er häufig schlecht gelaunt und legt sich mit seinen Kollegen an. Früher war das gar nicht seine Art.
Was ist mit Herrn Franz los? So kann es jedenfalls nicht mehr weitergehen. Sie machen sich Sorgen um Herrn Franz und um die Leistungsfähigkeit Ihrer Gruppe. Sprechen Sie mit Herrn Franz und versuchen Sie die Situation zu klären.

ARBEITSANWEISUNG:

Ihr Name ist Holger Franz. Sie sind verheiratet und haben einen 14-jährigen Sohn, der die letzte Klasse der Hauptschule besucht. Im Laufe seines Schullebens hatten Sie schon immer Schwierigkeiten mit Ihrem Sohn. Er ist Legastheniker, auch stottert er ein wenig. Mit großer Anstrengung haben Sie es geschafft ihn so weit zu bringen, dass er nach der neunten Klasse nun die zehnte besuchen kann um doch noch mit der mittleren Reife die Schule verlassen zu können. In den Ferien jedoch hatte Ihr Sohn einen schweren Fahrradunfall, der ihn weit zurückwirft. Sie wissen nun nicht, wie es weitergehen soll.

Ihrem Chef haben Sie schon einmal von dem Unfall erzählt; er war aber so beschäftigt, dass er es kaum wahrgenommen hat. Eigentlich haben Sie noch nie ein persönliches Wort mit ihm gesprochen; Ihr Verhältnis ist eher distanziert.

... und den Mitarbeiter

Es kommt dabei weniger darauf an, dass die sachliche Seite des Problems bis in alle Einzelheiten exakt abgeklärt wird. Dafür sind Sie vielleicht zu wenig Fachmann. Konzentrieren Sie sich vielmehr auf die Beziehungsaspekte der Situation und versuchen Sie hier Lösungen zu erarbeiten. Hüten Sie sich aber davor, zu sanft zu erscheinen und ausschließlich auf die Mitarbeiterwünsche einzugehen. Das führt vielleicht zu einem harmonischen Gesprächsverlauf, von Führungsqualitäten zeugt das jedoch nicht.
In unserem Beispiel ist es schon unerlässlich dem Mitarbeiter deutlich zu machen, dass der Beruf nicht unter dem privaten Stress leiden darf, wenn man auch viel Verständnis für seine private Situation aufbringen kann.

Ein paar Regeln der Höflichkeit

Wichtig ist, dass Sie vor dem Gespräch einige Formalien beachten. Wenn Sie in der Rolle des Vorgesetzten sind und am Schreibtisch sitzen, empfiehlt es sich aufzustehen, wenn der Mitarbeiter hereinkommt, ihm die Hand zu geben und ihm einen Platz anzubieten. Reichen Sie dem Mitarbeiter aber nicht über dem Schreibtisch die Hand, sondern gehen Sie um den Schreibtisch herum. Beim Gespräch verziehen Sie sich nach Möglichkeit nicht hinter einen Schreibtisch, sondern nehmen Sie am Besuchertisch Platz. Wenn das nicht geht, setzen Sie den Mitarbeiter neben den Schreibtisch. Der Schreibtisch ist immer eine Barriere und schafft Distanz zwischen Ihnen und dem Mitarbeiter.

Sind Sie dagegen in der Rolle des Mitarbeiters, dann warten Sie, bis Ihr Vorgesetzter Ihnen Platz anbietet.

Diese oder ähnliche Spielregeln der Höflichkeit gelten natürlich auch für andere Gesprächssituationen, etwa Kunde – Mitarbeiter, Kunde – Verkäufer usw.

Stichwort Körpersprache

Noch ein paar Hinweise zur Körpersprache: Versuchen Sie, nicht mit verschränkten Armen dazusitzen. Als Vorgesetzter wirkt das arrogant und unterstreicht Ihre Chefrolle sehr, als Mitarbeiter kann das ängstlich und verschlossen wirken. Als Verkäufer beim Kunden zeigen Sie damit Distanz und animieren den Kunden nicht gerade mit Ihnen ins Gespräch zu kommen. Bevorzugen Sie eine offene Armhaltung, wenden Sie sich Ihrem Gegenüber zu, suchen Sie den Blickkontakt und lächeln Sie auch einmal, wenn die Situation ernst ist.

TIPPS Das Führen von Mitarbeitergesprächen

- Klären Sie zu Beginn das Ziel Ihres Gespräches. Sagen Sie dem Mitarbeiter, worum es geht und wie lange das Gespräch etwa dauern wird.
- Gliedern Sie Ihr Gespräch und informieren Sie Ihren Gesprächspartner über den geplanten Ablauf etwa so: „Herr X, in der letzten Zeit ist es häufiger vorgekommen, dass ... Außerdem habe ich beobachtet, dass Sie oft müde sind. Aber lassen Sie uns zunächst über ... sprechen."
- Besprechen Sie nur das Wesentliche und verschwenden Sie nicht so viel Zeit für Nebensächlichkeiten.

- Formulieren Sie Ihre Kritik klar und verständlich und nicht verdeckt.
- Hören Sie aufmerksam zu. Versuchen Sie auch Zwischentöne herauszuhören.
- Klären Sie den Sachverhalt durch Fragen.
- Bevor Sie eigene Lösungsvorschläge machen, fragen Sie doch einfach einmal den Mitarbeiter nach seinen Ideen.
- Fassen Sie nach längeren Gesprächsabschnitten auch einmal zusammen.
- Geben Sie eigene Pannen offen zu.
- Meinungsverschiedenheiten klar ansprechen und Gründe dafür klären; Übereinstimmung muss nicht in jedem Fall erzielt werden.
- Versuchen Sie nicht zu viel auf einmal zu erreichen. Lieber einen zweiten Gesprächstermin vereinbaren.

TIPPS Das Aussprechen von Kritik

Offen und sachlich

- Kritik muss deutlich und klar formuliert sein. Mit versteckter Kritik verletzen Sie fast immer.
- Kritisieren Sie nicht zu häufig und versuchen Sie immer konkrete Situationen zum Anlass zu nehmen.
- Kritisieren Sie die Leistung, aber nicht den Menschen. Schauen Sie sich die Person genau an und formulieren Sie die Kritik entsprechend dem Maß, das genau diese Person vertragen kann.
- Äußern Sie Kritik nie vor Dritten.
- Lassen Sie dem Gegenüber ausreichend Zeit seine Gründe und seine Situation zu erläutern.
- Entwickeln Sie gemeinsame Vorschläge, wie zu vermeiden ist, dass sich die Fehler wiederholen.
- Bieten Sie dem Mitarbeiter Ihre Hilfe an.

TIPPS Das Erteilen von Lob

- Loben Sie offen, verständlich und glaubwürdig.
- Vermeiden Sie alles Überschwängliche, sonst verliert das Lob häufig an Glaubwürdigkeit.
- Loben Sie nicht zu oft, aber immer öfter.
- Loben Sie die Leistung und nicht den Menschen.

(Zum Beispiel: „Gut fand ich, wie Sie auf Herrn Müllers Argumente eingegangen sind ..." und nicht: „Sie waren ja richtig in Form, als sie auf Herrn Müllers ...")

- Wenn Sie Lob vor anderen Personen aussprechen, denken Sie daran, welche Wirkung das auf diese Personen hat.

Darauf achten die Beobachter Die einzelnen Aspekte der Beobachtung richten sich natürlich wie immer nach den Anforderungen der Position, für die Sie sich bewerben. Trotzdem lassen sich einige allgemeine Beobachtungskriterien festhalten:

Allgemeine Beobachtungskriterien

- Wie wird das Gespräch eröffnet?
- Wie gestaltet der Vorgesetzte/Verkäufer/... am Anfang die Atmosphäre?
- Werden die Gesprächsziele vorgestellt?
- Wie sinnvoll ist das Gespräch gegliedert?
- Wie gut wird zugehört?
- Wie wird auf die Argumente des anderen eingegangen?
- Wie waren die Redeanteile verteilt?
- Wie war die Atmosphäre in dem Gespräch?
- Wie wird in emotional gespannten Situationen reagiert?
- Werden die Hauptpunkte besprochen oder treten Nebensächlichkeiten in den Vordergrund?
- Wie werden Probleme im Gespräch gelöst?
- Wie ist die Ausdrucksfähigkeit des Kandidaten?
- Wie konsequent werden die Gesprächsziele verfolgt?

Rollenspiel: Verhandlungssituation

Bei einem Mitarbeitergespräch sind die Rollen klar verteilt und es geht darum, die Fähigkeit zur Gesprächsführung in einem definierten sozialen Rahmen zu beobachten. Andere Anforderungen stellen Verhandlungssituationen. Hier wird zwar auch festgelegt, wer welche Rollen zu spielen hat, aber die Spielräume für die Kandidaten sind meist größer.

Beispiel „Der Kopierer“

Analysieren Sie die Verhandlungsspielräume

Zwei Abteilungen sind als Profit-Center organisiert. Das bedeutet, dass es für jede der Abteilungen eine eigene Gewinn-und-Verlust-Rechnung gibt, in die alle Kosten und Erträge der Abteilung einfließen. In beiden Abteilungen sind häufig Fotokopierarbeiten erforderlich. Die Abteilungen liegen räumlich nahe beieinander. In der, allerdings weit entfernten, zentralen Kopierstelle können Kopien zu einem Preis von € 0,05 gemacht werden. Abteilung A zieht pro Jahr erfahrungsgemäß 105 000 Kopien, Abteilung B 60 000.

Beide Abteilungen haben ein günstiges Leasingangebot erhalten: Mindestkosten im Jahr € 2 500,-. Der Preis schließt Gerät, Wartung und Reparatur ein. Jede Kopie kostet bei einer Jahresabnahme von

mindestens	50 000	:	€ 0,05
mindestens	100 000	:	€ 0,04
mindestens	150 000	:	€ 0,03

Die Grundgebühr von € 2 500,- wird auf den Kopierpreis angerechnet.

Beide Abteilungsleiter haben sich verabredet um über das gemeinsame Leasing eines Kopierers zu diskutieren und eventuell einen gemeinsamen Vertrag vorzubereiten.

Rollenanweisung

ROLLE FÜR DEN LEITER DER ABTEILUNG A

Bereiten Sie sich auf das Gespräch mit dem Leiter der Abteilung B vor. Welches Ziel möchten Sie in dem Gespräch erreichen? Zu welchen Bedingungen wollen Sie einen gemeinsamen Vertrag abschließen? Denken Sie auch über Ihren Verhandlungsspielraum und mögliche Kompromisse nach.

BEISPIELRECHNUNG

Abteilung A macht 105 000 Kopien

Kopierkosten bisher (0,05 €):	5 250 €
Leasing alleine (0,04 €):	4 200 €
Leasing zusammen mit B, bei gleichem Preis pro Kopie (0,03 €):	3 150 €
Leasing zusammen mit B, bei ungleichem Preis pro Kopie (165 000 Kopien à 0,03 € = 4 950 € müssen bezahlt werden, B zahlt 0,05 € pro Kopie bzw. 3 000 €) (insgesamt bleiben für A als maximale Kostensenkung):	1 950 €

Rollenanweisung

ROLLE FÜR DEN LEITER DER ABTEILUNG B

Bereiten Sie sich auf das Gespräch mit dem Leiter der Abteilung A vor. Welches Ziel möchten Sie in dem Gespräch erreichen? Zu welchen Bedingungen wollen Sie einen gemeinsamen Vertrag abschließen? Denken Sie auch über Ihren Verhandlungsspielraum und mögliche Kompromisse nach.

BEISPIELRECHNUNG

Abteilung B macht 60 000 Kopien

Kopierkosten bisher (0,05 €):	3 000 €
Leasing alleine (0,05 €):	3 000 €
Leasing zusammen mit A, bei gleichem Preis pro Kopie (0,03 €; ergibt für B die maximale Kostensenkung):	1 800 €
Leasing zusammen mit A, bei ungleichem Preis pro Kopie (165 000 à 0,03 € = 4 950 € müssen bezahlt werden, B zahlt zum Beispiel 0,04 € pro Kopie, bleiben für A 2 550 €):	2 400 €

Gesprächskiller

Bei den Verhandlungssituationen kommt es darauf an, ein möglichst gutes Ergebnis zu erzielen und sich mit seinen Zielen durchzusetzen ohne allerdings dem Gegenüber Schaden zuzufügen. Vermeiden Sie die folgenden Gesprächsfehler.

Gesprächsfehler vermeiden!

- Monologe: Sie kosten Zeit und drängen den Gesprächspartner in die Defensive.
- Geschlossene Fragen: Da sie nur mit „ja“ oder „nein“ beantwortet werden können, lassen sie dem Gesprächspartner keinen Raum.
- Suggestiv-Fragen: Sie unterstellen dem Gesprächspartner Dinge, die er vielleicht nicht so meint, und zwingen ihn sich zu verteidigen.
- Alternativ-Fragen: Sie geben dem Gesprächspartner nur zwei Möglichkeiten; vielleicht will er keine von beiden.

- Zweifel: Sie nötigen den Gesprächspartner dazu, sich zu verteidigen.
- Hinweise auf Gestern: „Das haben wir noch nie so gemacht", war noch nie ein gutes Argument.

Spezielle Verkaufssituationen

Bei Rollenspielen zu speziellen Verkaufssituationen werden meistens ähnliche Verhaltensweisen beobachtet wie in den oben beschriebenen Beispielen. Da im Allgemeinen das Fachwissen fehlt um ein spezielles Produkt zu verkaufen oder eine Bedarfsanalyse für eine bestimmte Zielgruppe durchzuführen, werden als Themen allgemeine Verkaufssituationen aus dem täglichen Leben genommen, die ohne spezielle Fachkompetenz bewältigt werden können. Wichtig ist, dass man sich auch hier einige Regeln vergegenwärtigt.

TIPPS Das Führen von Verkaufsgesprächen

- Stellen Sie am Anfang eine lockere Gesprächsatmosphäre her. Stellen Sie sich und Ihre Firma vor. Versuchen Sie nicht mit der Tür ins Haus zu fallen.
- Bevor Sie dem Kunden ein konkretes Angebot machen, fragen Sie ihn genau nach seinen Wünschen.
  Je detaillierter Sie den Bedarf des Kunden ermitteln, desto leichter wird es Ihnen fallen ihn für den Kauf Ihres Produkts zu gewinnen.
- Führen Sie den Kunden mit offenen Fragen durch das Gespräch, lassen Sie ihn reden, hören Sie lieber aufmerksam zu.
- Gehen Sie korrekt auf die Fragen des Kunden ein. Interpretieren Sie nicht jedes Bedenken als zögerlichen und ausweichenden Einwand. Versuchen Sie nicht mit immer neuen Argumenten Bedenken des Kunden aus dem Weg zu räumen. Das treibt den Kunden zu sehr in die Enge und blockiert mehr, als es zum Kaufen animiert.
- Achten Sie auf Kaufsignale. Ein typisches Signal besteht darin, dass der Kunde selbst Vorteile des Produktes nennt oder über den Preis zu feilschen beginnt. Zögern Sie dann nicht mit der Abschlussfrage, aber drängen Sie den Kunden nicht, wenn er noch um Bedenkzeit bittet.

Darauf achten die Beobachter In den meisten Verhandlungssituationen kommt es zwar darauf an, sich mit seinen Ansichten und Ideen durchzusetzen, aber nicht um jeden Preis. Häufig sind diese Situationen so gestrickt, dass es keine sachlich richtige Lösung gibt und es also zu einem Konflikt kommen muss. Dann soll beobachtet werden, wie die Kandidaten mit diesem Konflikt umgehen.

Umgang mit Konflikten

- Wer setzt sich durch?
- Wie macht er das?
- Wer entwickelt Initiativen und bringt Vorschläge ein?
- Wer fasst Vorschläge zusammen und versucht Ergebnisse zu koordinieren?
- Wer versucht das Klima zu verbessern?
- Wie werden Entscheidungen getroffen?
- Wer gibt zu schnell nach?
- Wer beharrt auf seinen Vorschlägen, obwohl es von der Sache her nicht zu rechtfertigen ist?
- Welche Gefühle werden ausgedrückt?
- Wie wird mit Konflikten umgegangen?
- Wer macht Vorschläge zur Lösung von Konflikten?

Versuchen Sie in solchen Situationen immer nach Lösungen zu suchen, die es beiden ermöglichen ihr Gesicht zu wahren. Es ist falsch sich auf Kosten anderer durchzusetzen. Lassen Sie die Tür offen für weitere Begegnungen und Lösungen, formulieren Sie nicht im „Entweder-oder-Stil“, sondern im „Sowohl-als-auch-Stil“.

Nicht auf „Biegen und Brechen“

MEIN ÜBUNGSPLAN

Zunächst einmal sollten Sie sich Gedanken machen, welche Rollenspielart am besten zu der Position passt, die Sie anstreben.

Position:	**Rollenspielart:**
Verkäufer	Verkaufssituation
Führungstrainee	Mitarbeitergespräch
Abteilungsleiter	Mitarbeitergespräch
	Verhandlungssituation

Ihre Position: möglichte Rollenspiele:

____

____

____

____

____

Organisieren Sie eigene Rollenspiele

Jetzt können Sie sich am besten vorbereiten, wenn Sie sich mit einigen Freunden zusammenschließen und einige Rollenspiele durchexerzieren. Denken Sie sich Situationen und Aufgabenstellungen aus und simulieren Sie diese in Rollenspielen. Anregungen zu Rollenspielen finden Sie auch in den Literaturhinweisen am Ende des Buches. Teilen Sie einige Ihrer Freunde als Beobachter ein und lassen Sie sich eine Rückmeldung zu Ihrem Verhalten geben.

Eine Grundlage für diese Rückmeldung könnte der folgende Beobachtungsbogen sein:

Beobachtungsbogen für Rollenspiele

Gesprächseröffnung:

schafft eine angenehme Atmosphäre	○ ja	○ nein
bietet Gegenüber Platz an	○ ja	○ nein
Sitzstellung zueinander o.k.	○ ja	○ nein
nennt das Ziel des Gesprächs	○ ja	○ nein
strukturiert das Gespräch	○ ja	○ nein

Zum Gespräch selbst:

verliert sein Ziel nicht aus den Augen	○ ja	○ nein
monologisiert	○ ja	○ nein
stellt offene Fragen	○ ja	○ nein
stellt geschlossene Fragen	○ ja	○ nein
hört gut zu	○ ja	○ nein
fasst Gesprächsergebnisse zusammen	○ ja	○ nein

Zum Umgang mit Konflikten:

gibt zu schnell nach	○ ja	○ nein
drängt Gesprächspartner in die Ecke	○ ja	○ nein
sucht nach akzeptablen Lösungen	○ ja	○ nein
setzt sich auf Kosten des anderen durch	○ ja	○ nein
zeigt Alternativen auf	○ ja	○ nein
ignoriert Bedenken des anderen	○ ja	○ nein
bemerkt Gefühle des anderen	○ ja	○ nein

Zur Sprache/Körpersprache:

klar und verständlich	○ ja	○ nein
gut artikuliert	○ ja	○ nein
abweisende Gestik	○ ja	○ nein
nervös	○ ja	○ nein

Sonstiges:

____

____

____

____

Setzen Sie sich nach jedem Rollenspiel mit Ihren Beobachtern hin und vergleichen Sie Ihre Einschätzung der Situation mit den Wahrnehmungen der Beobachter. Entwickeln Sie dann Ihr persönliches Stärken- und Schwächenprofil mit Überlegungen zu weiteren Maßnahmen.

Mein Stärken-/Schwächenprofil

ÜBUNG: ROLLENSPIELE

Meine Stärken:	Das will ich tun, damit sie erhalten bleiben bzw. damit ich sie ausbaue:

Meine Schwächen:	Das will ich tun um sie abzubauen:

Weitere Beispiele

Rollenspiel für drei Personen

Erstes Übungsbeispiel

Hintergrund: Herr Rolf und Herr Meister sind Sachbearbeiter in der Betriebsabteilung. Sie haben die gleichen Aufgaben und arbeiten seit zwei Monaten miteinander.

Ihr Verhältnis zueinander ist, so beurteilen es die Kollegen, weder gut noch schlecht. Privatgespräche finden statt, doch nicht so häufig und intensiv.

Gegenseitige Hilfe ist selten. Beide versuchen ihre eigenen Aufgaben zu erledigen und winken meist ab, wenn der andere um einen Gefallen bittet. Sie haben beide genug damit zu tun, ihre eigene Arbeit in den Griff zu bekommen, vor allem natürlich Herr Meister, der erst seit kurzer Zeit in der Abteilung arbeitet.

Häufig frotzeln sie sich etwas, wenn sie mitbekommen, dass es in dem Arbeitsbereich des anderen eine Panne gegeben hat, d.h. sie weisen sich gegenseitig in leicht ironischem Ton darauf hin, dass es wohl nicht so gut laufe.

Die Vorgeschichte

Streit hat es zwischen den beiden vor Jahren einmal gegeben (damals arbeiteten beide zusammen in einer anderen Abteilung), als Herr Rolf eine Information, die sehr wichtig für Herrn Meister war, nicht weitergegeben hatte. Für die Panne hat Herr Meister daraufhin von seinem Gruppenleiter einen schweren „Anpfiff" bekommen, weil der Kunde sich auf dem Weg über die Geschäftsführung beschwert hatte. Herrn Rolf war es aber gelungen die Schuld von sich zu weisen, indem er die unterlassene Weitergabe mit anderen für ihn sehr wichtigen Aufgaben erklärt hatte.

Der aktuelle Konflikt

Der Vorfall heute: Der Gruppenleiter, Herr Schneider, ist in den Raum gekommen und hat auf dem Schreibtisch von Herrn Meister zufällig eine Kundenbeschwerde gesehen. Ohne auf den Inhalt einzugehen, den er auch gar nicht genau mitbekommen hat, sagt er in relativ barschem Ton zu Herrn Meister, dass er keine Kundenbeschwerden in seinem Bereich sehen wolle. Die anderen Personen im Raum bekommen das alle mit.

Herr Meister antwortet nicht auf den Satz des Gruppenleiters, sondern arbeitet schweigend weiter.

Herr Rolf sagt in dieses allgemeine Schweigen im Raum, ohne aufzublicken, noch während der Gruppenleiter anwesend ist: „Der eine hat's, der andere nicht."

Als Herr Schneider den Raum verlassen hat, sagt Herr Meister zu Herrn Rolf: „Das merk' ich mir! Es ist immer das Gleiche mit dir."

Eine Stunde später, nach dem Mittagessen, bei dem nicht viel gesprochen worden ist, sitzen die zwei alleine am Tisch und es ergibt sich ein Gespräch zwischen den beiden.

Rollenanweisung für den Vorgesetzten

ROLLENANWEISUNG FÜR HERRN SCHNEIDER

Sie, der Gruppenleiter Schneider, haben heute mitbekommen, dass eine Kundenbeschwerde auf dem Schreibtisch von Herrn Meister gelandet ist.

Kundenbeschwerden wollen Sie aber einfach nicht sehen in Ihrer Abteilung. Es war deshalb für Sie nur logisch, dass Sie das Herrn Meister, der ja erst seit zwei Monaten in Ihrer Gruppe arbeitet, recht deutlich gemacht haben. Sie denken auch, dass er das verstanden hat. Auch wenn Herr Meister neu in der Gruppe arbeitet, ist dies keine Entschuldigung für derartige Vorfälle. Sie erwarten, dass Ihre Mitarbeiter exakt und genau arbeiten und sich auch gegenseitig unterstützen und fragen, sodass der Ablauf immer reibungslos ist.

Sie denken, dass Ihr Führungsstil von der Arbeitsgruppe akzeptiert ist. Sie würden ihn beschreiben mit „hart, aber gerecht". Es zählt bei Ihnen die Leistung und die Mitarbeiter wüssten schon, wie Sie es meinen, wenn Sie mal Kritik üben.

Eine engere, persönliche Beziehung zu Ihren Mitarbeitern unterhalten Sie nicht. Sie sind auch der Meinung, dass so etwas nicht ins Unternehmen gehört.

Rollenanweisungen für die beiden Kontrahenten

ROLLENANWEISUNG FÜR HERRN MEISTER

Sie kennen Herrn Rolf seit einigen Jahren. In Erinnerung geblieben ist Ihnen, dass er daran schuld war, dass es vor Jahren eine Beschwerde eines Kunden über Sie bei der Geschäftsführung gegeben hat.

Als Sie erfuhren, dass Sie in Zukunft wieder mit Herrn Rolf zusammenarbeiten müssen, ist Ihnen dieser Vorfall sofort wieder eingefallen.

Sie achten in der Regel darauf, möglichst keine Fehler zu machen, denn Sie glauben zu wissen, dass Herr Rolf dann diese Fehler durchaus zu seinem Vorteil nutzen könnte.

Als nun der Satz von Herrn Rolf fiel: „Der eine hat's, der andere nicht", merkten Sie, wie die Wut in Ihnen hochstieg, und Ihnen war klar, dass Sie diesen Vorfall nicht auf sich beruhen lassen würden.

Außerdem empfinden Sie es als eine Unverschämtheit, dass Sie der Gruppenleiter Herr Schneider im Beisein aller Kollegen so angefahren hat.

Beide Vorfälle zusammen haben Sie zunächst sprachlos gemacht. Als Sie jedoch jetzt in der Kantine gemeinsam mit Herrn Rolf am Tisch sitzen, merken Sie, dass Sie so „geladen" sind, dass Sie den Vorfall ansprechen müssen.

ROLLENANWEISUNG FÜR HERRN ROLF

Sie kennen Herrn Meister schon seit jener Zeit, als Sie zusammen in einer anderen Abteilung gearbeitet haben. Damals gab es wegen einer (aus ihrer Sicht) Lappalie einen Streit mit Herrn Meister. Da Sie sich jedoch nicht verantwortlich für den Vorfall damals fühlten, und damit zu Unrecht beschuldigt von Herrn Meister, hat sich das Verhältnis seitdem nicht gerade positiv entwickelt. Sehr erfreut waren Sie nicht, als Herr Meister in Ihre jetzige Abteilung versetzt wurde. Das Verhältnis ist jedoch auch nicht so schlecht, dass Sie sich gegenseitig versuchen eins auszuwischen.

Als Sie in der beschriebenen Situation sagten: „Der eine hat's, der andere nicht", meinten Sie den Gruppenleiter Herrn Schneider, der häufig seine Mitarbeiter im Beisein von anderen kritisiert.

Sie haben aber deutlich gemerkt, dass Herr Meister mit seiner Bemerkung: „Das merk' ich mir! Es ist immer das gleiche mit dir" Sie gemeint hat.

Insgeheim haben Sie bei sich gedacht: „Nun geht das wieder los mit dem Meister, mit dem komm ich einfach nicht zurecht."

Rollenspiel „Die Krankmeldung"

Zweites Übungsbeispiel

Hintergrund: Helmut Schmidt ist seit einem halben Jahr Gruppenleiter. Er wurde damals aufgrund seiner fachlichen Qualifikation und seines außergewöhnlichen Einsatzes befördert. Obwohl die anderen Mitarbeiter keinesfalls seine Befähigung zum Gruppenleiter infrage stellen, können sie es aber immer noch nicht verstehen, warum ihr Kollege Klaus Förster, von dem sie meinen, er sei genauso gut wie Helmut Schmidt, aber bedeutend länger in der Arbeitsgruppe, übergangen worden war.

Vorgeschichte: Helmut Schmidts Abteilungsleiter (AL) bittet ihn am Freitagmorgen darum, für vier Tage einen guten Mann an eine andere Gruppe auszuleihen. Dieser Mann soll mithelfen ein spezielles Problem zu lösen.

Schmidt geht seine Leute durch und entscheidet, dass Klaus Förster der Mann sein müsste, der für diesen speziellen Auftrag am besten geeignet ist.

Freitagnachmittag ruft er Förster zu sich und sagt: „Klaus, der AL benötigt Hilfe in Verbindung mit einer Spezialaufgabe in einer anderen Gruppe. Ich glaube, dass du dich am besten dazu eignest. Du brauchst nur wenige Tage in der anderen Gruppe zu arbeiten. Montag früh sollst du dort anfangen."

Führungsprobleme

Klaus Förster antwortet darauf: „Warum gerade ich? Ich ziehe die Arbeit vor, die ich im Augenblick auf meinem Schreibtisch habe. Bist du etwa unzufrieden mit meiner Arbeit?"

Schmidt schüttelt den Kopf und erwidert: „Nein, aber ich habe jetzt leider keine Zeit die Angelegenheit weiter mit dir zu besprechen. Melde dich bitte Montag früh in der anderen Gruppe."

Montagmorgen: Der Gruppenleiter der anderen Gruppe ruft Helmut Schmidt an und sagt: „Ich dachte, du wolltest mir Klaus Förster herüberschicken um mir zu helfen. Einer unserer Kunden hat mich terminlich unter Druck gesetzt und von dem Auftrag hängt einiges ab. Förster ist nicht gekommen und ich brauche seine Hilfe sofort."

Schmidt erwidert: „Ich habe Förster darum gebeten sich heute früh bei dir zu melden. Er ist auch nicht hier und falls er durch irgendetwas gehindert wurde zu kommen, hätte er schon vor 9.00 Uhr anrufen müssen. Ich bin tatsächlich davon ausgegangen, dass er bereits bei dir arbeitet. Das Einzige, was ich jetzt tun kann, ist dir sofort einen anderen Mann zu schicken."

Schmidt hat gerade den Hörer in die Hand genommen um Klaus Förster anzurufen, als der AL zu ihm kommt und ihm mitteilt, dass er soeben mit Försters Frau gesprochen habe. Sie sagte, Klaus Förster läge krank im Bett und würde wahrscheinlich erst in einigen Tagen wiederkommen können.

... und eine unangenehme Überraschung

Mittwochmorgen: Helmut Schmidt bespricht sich gerade mit mehreren Mitarbeitern, muss jedoch den Raum einen Augenblick verlassen um einen Telefonanruf zu beantworten. Als er zurückkehrt, sagt einer der Mitarbeiter, der mit dem Rücken zur Tür sitzt: „Also, der Klaus war ja gestern beim Kicken wieder unheimlich gut drauf ...“ Alle schweigen betreten und weichen während der gesamten weiteren Besprechung Helmut Schmidts Blicken aus.

ARBEITSANWEISUNG:

Helmut Schmidt weiß, dass seine Mitarbeiter gespannt sind, was er jetzt zu unternehmen gedenkt.

Wie würden Sie an seiner Stelle an die Lösung des Problems herangehen?

Kurzvortrag, Referat, Präsentation

Wat jestrichen is,
kann nicht durchfalln.
Otto Brahms

Bei diesem Aufgabentyp soll der Bewerber einen kurzen Vortrag halten oder Ergebnisse einer vorher bearbeiteten Aufgabe präsentieren.

Zum Beispiel: Die eigene Diplomarbeit

Ein typisches Beispiel aus einem AC für Hochschulabsolventen ist eine Präsentation der eigenen Diplomarbeit. Das klingt nach einem „Heimspiel", aber Sie sollten sich bewusst machen, dass kein anspruchsvolles Referat von Ihnen erwartet wird, sondern eine knappe, verständliche Darlegung.

PRÄSENTATIONSÜBUNG

Die eigene Diplomarbeit als Thema

Bitte bereiten Sie eine Kurzpräsentation zu Ihrer Diplomarbeit vor.

Geben Sie einen Überblick über das Thema und berichten Sie über die wichtigsten Ergebnisse.

Der Vortrag sollte 10 bis 15 Minuten dauern. Als Hilfsmittel können Sie Flipchart oder Wandtafel benutzen.

Für die Vorbereitung haben Sie jetzt zwanzig Minuten Zeit.

Der Vortrag wird dann vor den Beobachtern gehalten. Es kann sein, dass die anderen Teilnehmer des ACs ebenfalls zuhören.

Die Vorbereitung der Präsentation

Machen Sie sich als Erstes ein Bild, wie wichtig der *Inhalt* der Präsentation oder des Vortrages ist. Hinweise dazu bekommen Sie aus der Aufgabenstellung, eventuell aus Erklärungen des Moderators und aus der Länge der Vorbereitungszeit.

Die Vorbereitungszeit einteilen

Danach können Sie entscheiden, wie viel der Vorbereitungszeit Sie für die inhaltlichen Fragen verwenden und wie viel für Überlegungen zur Art der Präsentation.

Achten Sie genau auf die Aufgabenstellung, sodass Ihr Vortrag nicht am gewünschten Thema vorbeigeht. Wenn das Thema verschiedene Interpretationen erlaubt, entscheiden Sie sich für eine bestimmte und klar definierte Fragestellung und nennen Sie diese auch zu Beginn Ihres Vortrages.

Stellen Sie sich auf die vorgegebene Zeit ein: Es ist besser eine etwas kürzere Präsentation zu halten als zu überziehen.

Wenn Sie nach Ablauf Ihrer Vortragszeit immer noch in der Einleitung stecken, werden Sie keinen guten Eindruck hinterlassen. Wenn Sie dagegen nach dem Abschluss Ihres Vortrages noch Zeit übrig haben, können Sie anbieten Fragen aus dem Publikum zu beantworten oder einen Punkt zu vertiefen. Ideal ist es, wenn Sie sich in der Vorbereitungszeit bereits überlegen, worauf Sie noch eingehen wollen, wenn die Zeit reicht. Notieren Sie sich also „Optionen" für diesen Fall.

Ein Gesichtspunkt: die Kompetenz der Zuhörer

Überlegen Sie, wie viel Ihr Publikum von dem Thema versteht, über das Sie referieren sollen, und stellen Sie sich darauf ein. Denken Sie dabei daran, dass die Mitglieder des Beobachtergremiums meist aus verschiedenen Abteilungen des Unternehmens kommen und verschiedenen Berufen angehören können. Wenn es zum Beispiel um ein Marketingthema geht, werden sicher alle Beobachter wissen, was „Marketing" ist, aber es müssen nicht alle Anwesenden Marketingspezialisten sein. Formulieren Sie also so, dass möglichst alle verstehen können, wovon Sie reden.

Wenn Ihnen ein Flipchart, ein Overheadprojektor oder andere Hilfsmittel zur Verfügung stehen, sollten Sie sie ruhig einsetzen – wenn Sie mit dem Umgang vertraut sind! Wenn nicht, beschränken Sie sich lieber auf einen guten mündlichen Vortrag, anstatt sich durch den „Kampf mit der Technik" zusätzlich zu belasten.

Checkliste: Wichtige Fragen vor einem Vortrag

Vergegenwärtigen Sie sich vor der sachlichen Aufbereitung des Themas noch einmal die Rahmenbedingungen Ihres Vortrags, indem Sie die folgenden Fragen beantworten:

- Wie lautet das Thema genau?
- Aus welchem Anlass spreche ich?
- Was will ich mit meinem Vortrag erreichen?
- Was erwarten die Beobachter von meinem Vortrag?
- Welche Redezeit steht mir zur Verfügung?
- Wie ist der Raum ausgestattet?
- Welche Hilfsmittel habe ich?

Die Gliederung eines Vortrags

Wichtig: Überschaubarkeit

Die Gliederung eines Vortrags muss einfach und klar sein. Nur dann können Ihre Zuhörer das zu Grunde liegende Ordnungsprinzip erfassen. Die Aufmerksamkeit wird nicht unnötig fürs „Zurechtfinden“ gebunden. Haben Sie den Mut zur Vereinfachung! Bewährt hat sich folgendes Gliederungsprinzip (Drei-Schritt-Methode):

Einleitung

- Die Einleitung soll vor allem Aufmerksamkeit wecken.
- Stellen Sie Ihren Vortrag in einen Zusammenhang und bauen Sie auf möglichen ersten Gemeinsamkeiten auf („Anwärmphase“).
- Klären Sie Anlass und Ziel Ihres Vortrags. (Um welche Frage geht es?)
- Definieren Sie eventuell die Grundlagen, auf die Sie sich beziehen werden.

Hauptteil

- Greifen Sie die Vorgeschichte bzw. die bisherige Entwicklung auf.
- Nennen Sie die neuen Fakten/Umstände/Gesichtspunkte.
- Betonen Sie die Notwendigkeit von Konsequenzen.
- Machen Sie einen Lösungsvorschlag und weisen Sie auf die Vorteile für die Zuhörer/die Zielgruppe/das Unternehmen hin.
- Orientieren Sie sich an Ihrer Zielgruppe: Fachleute sind eher an Ergebnissen und Vergleichen interessiert, Nichtfachleute dagegen an Kernaussagen und Beispielen.
- Deuten Sie eventuell Alternativen zu Ihrer Lösung an.

Schluss

- Fassen Sie *kurz* zusammen und beantworten Sie die Frage aus der Einleitung.
- Wiederholen Sie noch einmal die wichtigste Aussage: den Appell, die Aufforderung zum Handeln.
- Die Schlussphase nicht unnötig dehnen oder zerreden.

Die drei Abschnitte Ihres Vortrags sollen die Gedankengänge Ihrer Zuhörer möglichst in folgende Richtung lenken:

- Worum geht es? (Einleitung)
- Was bringt mir das? (Hauptteil)
- Und jetzt? (Handlungsaufforderung/Schluss)

Mentales Training

Vor einem Vortrag kommt es darauf an, sich zu entspannen und zu konzentrieren. Entspannung und Konzentration sind die Voraussetzungen dafür, dass Sie während des Vortrages Ihre volle Energie entfalten und überzeugen können. Suchen Sie sich also zu Hause einmal ein stilles Eckchen und machen Sie die folgende Übung. Schließen Sie die Augen und gehen Sie die einzelnen Schritte im Geiste durch. Lassen Sie sich bei jedem Schritt ausreichend Zeit. Machen Sie diese Übung regelmäßig. Je öfter Sie die Übung zu Hause gemacht haben, desto leichter wird es Ihnen gelingen sich kurz vor dem wirklichen Vortrag zu konzentrieren. Im AC haben Sie häufig kein stilles Eckchen, in das Sie sich zurückziehen können. Schauen Sie einfach auf den Boden oder auf Ihre Unterlagen und sammeln Sie sich einige Sekunden lang.

Eine „Konzentrationsformel"

Ich atme ruhig ein und aus,

gehe langsam und mit sicherem Schritt nach vorn,

wähle die optimale Körperhaltung,

denke an den Erfolg meines Vortrags,

schaue in das freundliche Publikum,

entspanne mich.

Ich bin voll konzentriert!

Ich freue mich auf den Erfolg meines Vortrags!

TIPPS Der erfolgreiche Vortrag

„Handwerksregeln" für einen guten Vortrag

- Halten Sie Blickkontakt zum Publikum. Schauen Sie dabei möglichst nicht immer nur ein und dieselbe Person an, sondern beziehen Sie alle Anwesenden mit ein.
- Nennen Sie zu Beginn das Thema bzw. Ihre Interpretation des Themas. Wenn Sie einen längeren Vortrag halten, sollten Sie auch einen kurzen Überblick über die einzelnen Gliederungspunkte geben.
- Sagen Sie ebenfalls zu Beginn, wie Sie mit Fragen aus dem Publikum umgehen möchten. Sie können anbieten Fragen zwischendurch sofort zu beantworten. Oder Sie kündigen an, dass Sie zunächst den ganzen Vortrag halten möchten und anschließend gern Fragen beantworten. Bei dieser Variante müssen Sie die Zeit dafür am Ende des Vortrags einplanen!
- Schonen Sie Ihre Stimme. Versuchen Sie aus dem Bauch zu sprechen; dann klingt Ihre Stimme voller und freundlicher. Das gelingt Ihnen am besten, wenn Sie Ihre Arme nicht verkrampft anwinkeln, sondern locker seitlich am Körper baumeln lassen.
- Lächeln Sie ab und zu, das entspannt Ihre Gesichtsmuskulatur und damit Ihre Stimmbänder. Vermeiden Sie sich zu räuspern, denn das ist der sicherste Weg um heiser zu werden. Sehr entspannend für die Stimmbandmuskulatur ist es, wenn Sie bei geschlossenem Mund gähnen. Das sollten Sie mehrmals tun, bevor Sie vom Platz aufstehen und vor das Publikum treten.
- Sparen Sie sich eine theatralische Körpersprache. Unnötiges Herumfuchteln mit den Händen irritiert Ihre Zuhörer mehr, als dass es Wirkung zeigt. Versuchen Sie möglichst natürlich zu sprechen und nicht überdeutlich, eben so, wie Ihnen „der Schnabel gewachsen" ist.

Darauf achten die Beobachter Bei einer Präsentationsübung im AC wird zum einen darauf geachtet, wie der Vortrag gehalten wird und wie der Bewerber auftritt. Bei aller Unterschiedlichkeit subjektiver Eindrücke wie Sympathie oder Abneigung gibt es doch eine Reihe objektivierbarer Kriterien.

Beobachtet werden können beispielsweise

- die mündliche Ausdrucksfähigkeit (flüssiges Sprechen, der Situation und dem Publikum angemessene Ausdrucksweise, Gebrauch von sprachlichen Bildern und Beispielen zur besseren Verständlichkeit),
- Gliederung und Aufbau des Vortrags,
- das allgemeine Auftreten (äußeres Erscheinungsbild, Selbstsicherheit im Auftreten, Blickkontakt zum Publikum).

Der Inhalt des Vortrags kann unter sehr verschiedenen Blickwinkeln beobachtet und ausgewertet werden. Allgemein sollte das, was man sagt, sachlich richtig und inhaltlich verständlich sein. Wenn ein Fachthema vorgegeben wird, das für die gewünschte Stelle von Bedeutung ist, geht es, neben den oben genannten Aspekten, auch um die Überprüfung von Wissen und Kenntnissen. Beispielsweise könnte in einem AC zur Auswahl von Marketingassistenten ein Kurzvortrag „Die Bedeutung von Anzeigenwerbung in einem modernen Marketing-Mix" verlangt werden.

Fachwissen auf dem Prüfstand

Besonders wichtig ist der Inhalt des Vortrags, wenn das Ergebnis eines Kurzfalles (vgl. Kapitel „Fallstudien") oder einer anderen Art von Aufgabe präsentiert werden soll und der Vortrag die einzige Möglichkeit hierzu ist. Dann werden aus der Qualität der dargestellten Lösung – je nach der Art der Aufgabe – auch Rückschlüsse auf abstraktes und analytisches Denken, schlussfolgerndes Denken, Kreativität und ähnliche Merkmale gezogen.

Präsentation einer Fallstudie

Von einem derartigen Vorgehen wird in der Fachliteratur für die Veranstalter von Assessment-Centern abgeraten. Es besteht dabei nämlich die Gefahr, dass zum Beispiel eine sehr gute analytische Leistung wegen einer schwächeren Präsentation falsch beurteilt wird. Trotzdem kann es vorkommen, dass man als AC-Teilnehmer auf solche Aufgabentypen trifft. Besser ist es, wenn Sie die Bearbeitung des Kurzfalles auch schriftlich abgeben und zusätzlich mündlich präsentieren können.

Bei einer entsprechenden Themenstellung kann es auch ein Ziel der Präsentation sein Meinungen oder Einstellungen der

Einstellungen und Werthaltungen

Bewerber zu erfassen. Dies ist sicher dann der Fall, wenn zum Beispiel bei einem Automobilhersteller ein Vortrag zur zukünftigen Bedeutung von öffentlichem Personennahverkehr und Individualverkehr gehalten werden soll. Wer in einer solchen Situation extreme Meinungen und Positionen vertritt, läuft Gefahr bei den Beobachtern anzuecken. Wer allerdings versucht nur das vorzutragen, was das Publikum wahrscheinlich hören will, geht gleich ein doppeltes Risiko ein: Vielleicht liegt er mit seiner Vermutung genau „daneben" und bringt deshalb nur „falsche" Argumente. Oder die Beobachter sehen ihn als Opportunisten, der gar keine eigene Meinung hat. Der beste Weg ist das jeweilige Thema in seinen verschiedenen Aspekten darzustellen, aber auch klarzumachen, wie man selber zu der Sache steht.

Als Weiteres gibt es die Möglichkeit, dass mit der Präsentation geprüft werden soll, ob der Bewerber realistische Vorstellungen von der angestrebten Position hat. Ein Beispiel für eine Aufgabenstellung mit dieser „Erkenntnisabsicht" finden Sie hier:

Die eigene berufliche Zukunft als Thema

KURZVORTRAG

Sie bewerben sich bei uns um eine Position im Außendienst.
Bitte schildern Sie in einem Kurzvortrag von 5 bis 10 Minuten, wie Sie sich den typischen Arbeitstag eines Mitarbeiters im Außendienst vorstellen und welche Fähigkeiten bei dieser Tätigkeit besonders wichtig sind.
Für die Vorbereitung haben Sie eine Viertelstunde Zeit.

Bei einem guten AC wird der Moderator erklären, auf welche Kriterien es bei der Präsentationsübung hauptsächlich ankommt. Wenn dies nicht geschieht, kann die Länge der Vorbereitungszeit einen Hinweis darauf geben, wie wichtig der Inhalt ist. Je mehr Zeit für die Vorbereitung gegeben wird, desto eher ist auch der Inhalt von Bedeutung. Wenn die Vorbereitung nur kurz ist, geht es eher stärker um das Auftreten und die formalen Aspekte des Vortrages. Bei extrem kurzen Vorlaufzeiten von nur 2 bis 3 Minuten werden auch Improvisationsfähigkeit, die Fähigkeit zur Stressbewältigung und die Selbstsicherheit in schwierigen Situationen geprüft.

MEIN ÜBUNGSPLAN

Genau wie für die Gruppendiskussionen gilt auch hier:
Übung ist die beste Vorbereitung. Schließen Sie sich mit Freunden zusammen und spielen Sie die Situation der Vortragsvorbereitung und des Vortrags selbst durch. Versuchen Sie die Tipps umzusetzen und besprechen Sie hinterher, was Ihnen aufgefallen ist und was Sie vielleicht besser machen könnten.

Nur Übung macht Meister

Zur Vorbereitung können Sie sich gegenseitig Themen aus Ihren Fachgebieten, aus „Politik und Gesellschaft" oder aus der Rubrik „Nonsens und Groteskes" stellen. Auch mit einem Vortrag zu den „Absatzchancen einer solarbetriebenen Eiswürfelmaschine bei den Eskimos" können Sie effektiv trainieren. Experimentieren Sie mit unterschiedlich langen Vorbereitungs- und Redezeiten, probieren Sie, wenn möglich, verschiedene Hilfsmittel aus usw.
Hilfreich ist es auch sich eine Liste mit möglichen Themen für ein Kurzreferat aus dem fachlichen Spektrum der Position zu machen, für die Sie sich bewerben. Dazu hier ein Muster:

Mögliche Themen aus dem Fachgebiet:	Redezeit:

Wenn Sie einige Themen durchgespielt und bearbeitet haben, stellen Sie sich bitte die folgenden Fragen:

Meine Einstellung zur Rede

- Habe ich eine positive Grundeinstellung zum Reden?
- Habe ich bei einer Rede Angst vor einer Blamage?
- Glaube ich an den Erfolg meiner Rede?
- Bin ich vor einer Rede nervös und unruhig?
- Neige ich dazu, zu viel und zu lange zu reden?
- Kenne ich die Wirkung meiner Stimme?
- Kann ich mit einem Flipchart umgehen?
- Habe ich schon einmal mithilfe von Folien und Overheadprojektor präsentiert?
- Ist meine Schrift so leserlich, dass ich unter Zeitdruck Folien oder Flipcharts beschriften kann?

Wenn Sie diese Fragen durchgegangen sind, sollten Sie nun Ihr persönliches Stärken- und Schwächenprofil zur Vorbereitung Ihres Kurzreferates auf einem AC erarbeiten.

Ein Tonband als Hilfsmittel

Ein Tipp noch: Zeichnen Sie einmal Ihre Stimme mit einem Tonband auf oder schneiden Sie eine kurze Rede mit einem Videorecorder mit. Sie erhalten so aufschlussreiche Informationen über Ihre Art eine Rede zu halten.

Mein Stärken-/Schwächenprofil

ÜBUNG: KURZVORTRAG, REFERAT, PRÄSENTATION

Meine Stärken:	Das will ich tun, damit sie erhalten bleiben bzw. damit ich sie ausbaue:

Meine Schwächen:	Das will ich tun um sie abzubauen:

Postkorb

> *Innovation ist immer*
> *ein chaotischer Prozess.*
> *Ken Schiren*

Speziell für Assessment-Center konzipiert

Die „Postkorbübung" simuliert die Bearbeitung von klassischen Posteingangskörben mit 15 bis 20 Schriftstücken; dabei ist die Zeit im Allgemeinen festgelegt, Rückfragen sind nicht zugelassen. Manchmal kommt es vor, dass Störungen eingebaut werden, zum Beispiel durch Nachreichen von Schriftstücken. Postkorbübungen werden im Allgemeinen speziell für einzelne ACs oder PES gestrickt, und zwar in Abhängigkeit von der jeweiligen Position, die es zu besetzen gilt, und von den Besonderheiten des Unternehmens.

Ein typischer Postkorb beginnt wie die Arbeitsanweisung auf der folgenden Seite.

Die Lösung wird im Allgemeinen schriftlich durch Anweisungen auf den Schriftstücken oder zusätzliche Notizen abgegeben. Es muss nicht immer die „eine" Musterlösung geben. Manchmal sind verschiedene Entscheidungen möglich, dann kommt es auf die Begründung im Einzelfall an. Heute werden manchmal auch Computer-Postkörbe eingesetzt. Sie funktionieren aber nach dem gleichen System wie herkömmliche Postkörbe.

Häufig spricht ein Beobachter die einzelnen Posten und Entscheidungen mit dem Kandidaten durch. Dabei kann dieser seine Entscheidungen genauer erläutern und begründen.

ARBEITSANWEISUNG POSTKORB

Sie sind Frau X, Abteilungsleiterin im Bereich Y ... Sie müssen in eineinhalb Stunden zu einem Termin und sind dann für zwei Tage unterwegs. In den nächsten 90 Minuten müssen Sie den Posteingang bearbeiten. Sie entscheiden, was Sie selbst sofort erledigen (Briefe, Notizen o. Ä.), was Sie an wen zur Bearbeitung weitergeben, was Zeit hat, bis Sie wieder da sind, usw.

Die Bearbeitung eines Postkorbs

Vor der ersten Entscheidung: der Überblick

Verschaffen Sie sich zuerst einen Überblick über alle Unterlagen.

Achten Sie genau auf festliegende Rahmenbedingungen in der Situationsbeschreibung und den Unterlagen: Datumsangaben, Uhrzeiten, ablaufende Fristen, Personen, die für bestimmte Dinge zuständig sind, usw.

Achten Sie auf inhaltliche Zusammenhänge und zeitliche Überschneidungen oder Abhängigkeiten zwischen den verschiedenen Unterlagen und Vorgängen.

Das Eisenhower-Tableau

Alles selbst und sofort erledigen zu wollen ist der folgenreichste Fehler, den Sie – nicht nur in einem AC – machen können. Vergeben Sie Prioritäten. Eine gute Hilfe bietet dazu das Eisenhower-Tableau. Es wird dem amerikanischen General Dwight D. Eisenhower zugesprochen, der es zur Unterscheidung von Wichtigem und Dringlichem eingesetzt haben soll.

Das Eisenhower-Tableau sieht so aus:

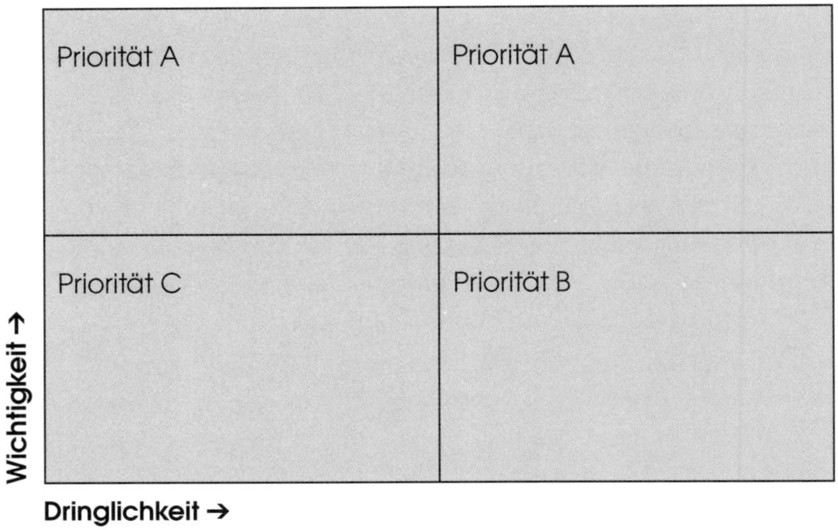

„Dringend" ist nicht automatisch „wichtig"

Das wichtigste Unterscheidungsprinzip des Eisenhower-Tableaus ist die Unterscheidung in Wichtigkeit und Dringlichkeit: Nicht jede wichtige Aufgabe muss sofort erledigt werden; nicht jede dringliche Aufgabe ist auch wichtig. Was wichtig ist, leitet sich allein aus den Zielen der jeweiligen beruflichen Position und aus den persönlichen Zielen des Stelleninhabers ab. In unserem Eingangsbeispiel müssten Sie sich also fragen, wofür wird die Abteilungsleiterin bezahlt, d.h. was erwartet man von ihr, wo liegen vielleicht ihre persönlichen Interessen.

Ein Tipp: Für die Entscheidungsfindung in konkreten Situationen sollten berufliche und private Interessen in einem ausgewogenen Verhältnis stehen. In Zweifelsfällen sollte jedoch die berufliche Zielsetzung für die Entscheidung ausschlaggebend sein.

Die Dringlichkeit bestimmt sich nach den Terminen, die in der Regel nicht von einem selbst, sondern von anderen gesetzt werden.

Das Eisenhower-Tableau arbeitet nun mit drei Kategorien von Prioritäten: der Priorität A für die wichtigen und dringlichen Aufgaben, der Priorität B für die dringlichen, aber weniger wichtigen und der Priorität C für die Aufgaben, die weder wichtig noch dringlich sind.

Bei den Letzteren sollte man sich fragen, ob man diese Aufgaben überhaupt angehen sollte. Sie stellen im Allgemeinen nur Zeitfallen dar. Bei den B-Prioritäten sollte man prüfen, ob man sie selbst erledigen muss oder ob sie nicht an einen Mitarbeiter delegiert werden können. Wenn man sie selbst erledigt, dann sollte man aber nur wenig Zeit darauf verwenden. Die A-Prioritäten sollte man nach Möglichkeit selbst und sofort erledigen.

Entscheiden Sie also immer zuerst, was wichtig und was unwichtig ist, und legen Sie danach die Dringlichkeit fest. Bearbeiten Sie die wichtigen und dringlichen Vorgänge zuerst.

„C-Prioritäten" sind meist Zeiträuber

Weniger wichtige und dringliche Vorgänge haben eventuell Zeit, bis Sie wieder da sind. Es können auch völlig unwichtige Vorgänge (C-Prioritäten) in den Unterlagen enthalten sein, die gar nicht bearbeitet werden müssen. Aber Vorsicht: Auf den ersten Blick nebensächliche Informationen können im Zusammenhang mit anderen Vorgängen manchmal sehr wichtig sein. Deshalb: Auf Querverbindungen achten!

An einzelnen Fragestellungen sollten Sie sich nicht zu lange festbeißen. Entscheidungen sind gefragt.

Wenn Sie einen Tagesablauf planen, achten Sie bitte darauf, dass Sie den Tag nicht zu voll planen. Eine gute Hilfe zur Planung bietet die MENÜ-Methode. MENÜ-Methode bedeutet:

M aßnahmen sammeln
E ntscheidungen über Priorität treffen
N otwendigen Zeitbedarf schätzen
Ü berarbeiten

Sie sammeln also zuerst alle Maßnahmen, die es zu erledigen gilt. Teilen dann die Maßnahmen nach ihrer Wichtigkeit und Dringlichkeit ein. Überlegen sich nun, wie viel Zeit Sie benötigen um eine Aufgabe zu erledigen. Wenn Sie dann feststellen, dass die Zeit, die Sie am Tag zur Verfügung haben, nicht reicht um alle Aufgaben zu erledigen, müssen Sie noch einmal entscheiden, welche Aufgaben Sie weglassen können.

Ein Tipp: Fassen Sie bei der Planung möglichst gleichartige Aufgaben zu Blöcken zusammen, das spart Zeit. Schätzen Sie die Zeiten realistisch und lieber etwas großzügig, nur so kommen Sie zu funktionierenden Planungen. Außerdem müssen Sie ja nicht alles selbst tun. Überlegen Sie sich also genau, wie Sie Ihre Mitarbeiter in den Postkorbfällen einsetzen können.

Eine hilfreiche Entscheidungsmatrix für einen Postkorb könnte so aussehen:

Bearbeitungsmethode für einen Postkorb

1. Schritt: Betrifft die Post mich oder andere?
Meine Post bearbeiten; Post für andere sofort weiterleiten.
2. Schritt: Kategorisieren nach Prioritäten: Eisenhower-Tableau einsetzen.
3. Schritt: Zeitbedarf schätzen. Realistische Zeitangaben wählen.
4. Schritt: Überlegen, wer der Richtige zum Erledigen der Aufgabe ist.
5. Schritt: Zeitplan erstellen mit Angaben, welche Aufgabe bis wann durch wen erledigt werden soll.

Darauf achten die Beobachter Die Postkorbübung bildet lediglich einen Rahmen, in dem je nach Ausgestaltung verschiedene Anforderungskriterien beobachtet werden können:

- Auffassungsgabe
- Entscheidungsfreude
- Organisation und Planung
- Analysefähigkeit und Urteilsvermögen
- Fachliche Kriterien

Postkorb als „Stresstest“

Belastbarkeit wird erfasst, wenn hoher Zeitdruck gegeben ist. Dabei muss man aber beachten, dass dann alle anderen Kriterien, die erfasst werden sollen, davon überstrahlt werden und nicht mehr exakt beobachtet werden können.

Wenn Sie die Postkorbübung abgeschlossen haben, bekommen Sie häufig Gelegenheit Ihre Lösung zu erläutern. Je systematischer Sie vorgegangen sind, desto leichter wird es Ihnen fallen dem Interviewer Ihre Lösungen zu erläutern. Zu Ihrer Sicherheit empfiehlt es sich, dass Sie sich während der Bearbeitung ein paar Stichworte mit den Gründen für Ihre Entscheidung machen.

Ein Übungsbeispiel

Als Beispiel für eine typische Postkorbübung haben wir den Postkorb von Jeserich ausgewählt (in: Wolfgang Jeserich, Mitarbeiter auswählen und fördern. Assessment-Center-Verfahren. München, Wien. Carl Hanser Verlag. = Handbuch der Weiterbildung für die Praxis in Wirtschaft und Verwaltung; Bd. 1. S. 172–188).

Die Ausgangssituation

SIE SIND DER FAMILIENVATER HANS SCHNELL

Heute ist Mittwoch, der 29. September. Jetzt ist es 16.00 Uhr. Sie sind gerade von einer längeren Dienstreise – auf der man Sie nicht erreichen konnte – nach Hause zurückgekehrt. Morgen, am Donnerstag, um 8.00 Uhr treten Sie eine Reise nach China an und kommen erst am Montag, den 4. 10. um 19.00 Uhr wieder zurück nach Hause. Dort in China kann man Sie nicht erreichen und Sie können zwischen Ihrer Abreise bis zur Heimkehr auch nichts von dem erledigen, was Sie nun vorfinden und erledigen müssen.

Ihre Frau ist nämlich heute früh ins Krankenhaus eingeliefert worden und wurde vor 7 Stunden operiert.
Die Post und sonstige Notizen hat Ihre Frau Ihnen noch in den Postkorb getan.

Sonst ist niemand im Haus. Das Telefon ist ausgerechnet heute gestört, Nachbarn sind zur Zeit nicht erreichbar. Sie haben, bis auf € 800,–, kein Geld im Hause und nur noch einen Scheck im Scheckheft. In einer Stunde müssen Sie Ihren Postkorb bearbeitet haben. Danach, also von 17.00 bis 19.00 Uhr, müssen Sie dringende Besorgungen in der Stadt erledigen.

In Ihrem Postkorb finden Sie nun Notizen, Briefe, Vorlagen usw. Sehen Sie sie einzeln durch. Schreiben Sie auf den Rand oder auf angeheftete Zettel jeweils Ihre Entscheidung auf bzw. formulieren Sie, falls nötig, einen Brief oder notieren Sie, was Sie durch wen zu veranlassen wünschen. Ob Sie nun eine Antwortnotiz fertigen, Termine vereinbaren, die Aufgaben gleich lösen, später lösen oder gar nichts unternehmen wollen, hängt jetzt von Ihnen ab.
Bitte versetzen Sie sich in die Situation des Herrn Hans Schnell. Zeitdruck und äußere Umstände sind vielleicht ungewöhnlich. Die Probleme, die Sie vorfinden, könnten jedoch durchaus der Realität entsprechen.

Der Startschuss

Noch einmal in Kürze:
Es ist jetzt Mittwoch, der 29. 9., genau 16.00. Uhr.
Sie haben eine Stunde Zeit die beigefügten Unterlagen zu bearbeiten. Sie sind alleine zu Hause. Keiner kann Ihnen helfen. Irgendwelche Unterlagen mit auf die Reise zu nehmen und unterwegs zu erledigen ist nicht möglich.
Schreiben Sie deshalb alle Ihre Anordnungen nieder. Denken Sie daran: Pünktlich in einer Stunde müssen Sie fertig sein, einschließlich Ihrer Zeitplanung, um zwischen 17.00 und 19.00 Uhr Besorgungen machen zu können. Sie kommen erst am kommenden Montag um 19.00 Uhr wieder zurück.

Mit folgenden Personen Ihres Haushalts haben Sie es zu tun:

Hans Schnell	=	Familienvater = Sie selbst
Ulla Schnell	=	Ihre Ehefrau
Klaus und Uschi	=	Ihre Kinder (15 bzw. 14 Jahre alt)
Martha	=	Ihre Haushälterin
Milla	=	Haushaltslehrling

1

Mittwoch, 29. September
8.00 Uhr

Lieber Hans,

ich muss ganz schnell ins Krankenhaus und mich behandeln lassen (Darmverschlingung). Heute Abend kannst du mich besuchen. Montag bin ich wieder zurück. Bis dahin kümmere dich bitte um Kinder und Haus.

Die Kinder sind bis 18.00 Uhr in der Schule und um 18.30 Uhr zu Hause. Sie haben aber keinen Schlüssel mit. Martha hat heute nachmittag frei und kommt morgen um 8.30 Uhr wieder.

Für Mittwoch (6. 10.) um 20.00 Uhr habe ich endlich einmal Karten für eine Opernpremiere erhalten. Halte den Termin frei, es ist ja auch mein Geburtstag (habe ich im Kalender eingetragen, s. Anlage).

Milla hat gestern nach meiner Meinung Geld und Schmuck gestohlen. Ich habe sie fristlos gekündigt und gleich rausgeschmissen. Sie bestreitet alles, aber kommt morgen um 14.00 Uhr und will ihr Zeugnis. Sie bekommt noch € 200,–.

Alles andere habe ich dir in den Posteingangskorb gelegt. Grüße die Kinder von mir.

Herzlichst deine
Ulla

Private Probleme

Unverzichtbare Planungsunterlage

2

Datum:	Uhrzeit:			
Montag 4. 10.	8— 9		14—15	
	9—10		15—16	Nachbar
	10—11		16—17	Neuer Lehrling
	11—12		17—18	
	12—13		18—19	
	13—14		19—20	
Dienstag 5. 10.	8— 9		14—15	
	9—10		15—16	Amtsgericht (15—18)
	10—11		16—17	
	11—12		17—18	
	12—13		18—19	
	13—14		19—20	
Mittwoch 6. 10.	8— 9		14—15	
	9—10		15—16	
	10—11	Straßenplanungsamt	16—17	
	11—12		17—18	
	12—13		18—19	
	13—14		19—20	Opernpremiere
Donnerstag 7. 10.	8— 9		14—15	
	9—10		15—16	
	10—11		16—17	
	11—12		17—18	
	12—13		18—19	
	13—14		19—20	
Freitag 8. 10.	8— 9		14—15	
	9—10		15—16	
	10—11		16—17	
	11—12		17—18	
	12—13		18—19	
	13—14		19—20	

Der nächste Termin

3

Prof. Dr. Ernst Soor

24. September

Lieber Herr Schnell!

Wie Sie wissen, soll die neue Umgehungsstraße N-47 direkt an unseren Grundstücken vorbeigeführt werden. Nicht nur, dass wir je 5 m von unseren Grundstücken abtreten müssen, wir werden auch größter Lärmbelästigung ausgesetzt.

Jetzt hat sich jedoch eine Möglichkeit ergeben, dass ein Lärmschutzwall errichtet werden könnte.

Voraussetzung ist, dass jeder Hauseigentümer aus unserer Straße zu der Verscmmlung mit dem Straßen-Planungsamt erscheint und entsprechend abstimmt.

Termin: Mittwoch, den 6. 10., 10.00 Uhr

Ich rechne unbedingt mit Ihrem Kommen.

Herzlichst
Prof. Dr. Ernst Soor

Eine Warnung der Bank

4

Kreditbank von 1910
00000 Boxhausen

Dienstag, 28. September

Herrn
Hans Schnell
Grüberstraße 3
00000 Boxhausen

Vertraulich
persönlich

Kurznotiz: Verkauf Ihrer Aktien

Sie haben bei uns Aktien der Niemand AG im Wert von € 80 000,–.

Uns sind vertrauliche Informationen zugegangen, dass die Niemand AG am Freitag, dem 1. Oktober, eventuell Konkurs anmelden wird. Dann sind Ihre Aktien vielleicht noch € 15 000,– wert.

Wenn Sie uns ermächtigen, verkaufen wir umgehend Ihre Aktien zum Kurs von 50%, sodass Sie immerhin noch € 40 000,– erhalten.

Dieses Angebot gilt bis zum Mittwoch, 29. September, 18.00 Uhr.

Mit freundlichen Grüßen
Dir. H. Froh

5 28. 9.

Lieber Vater,

am Mittwoch (6. 10.) von 10.00–13.00 Uhr ist Eltern-Lehrer-Sprechtag. Laut unserem Klassenlehrer sind angeblich auch in unserer Klasse einige „krumme Dinge" passiert. Die sollen jetzt mit allen Eltern und Lehrern öffentlich besprochen werden.
Klaus und ich halten das für unmöglich, aber ich meine, ihr solltet doch hingehen.

Immer deine Tochter *Uschi*

Vaterpflichten

6
Gärtnereibetriebe Frohsinn 18. 9.

Sehr geehrter Herr Schnell!
Wie jedes Jahr um diese Zeit bepflanzen wir am Dienstag dem 5. 10. und Mittwoch dem 6. 10. wieder Ihren Garten.
Dieses Jahr ist allerdings eine gründliche Umgestaltung fällig, worüber wir ja schon in groben Zügen sprachen. Da wir diesmal größere Barbeträge vorstrecken müssen, hatte uns Ihre Frau einen Scheck gegeben, aber vergessen ihn auszufüllen.
Bitte deponieren Sie bei Ihrer Haushälterin einen Betrag von wenigstens € 700,– als erste Anzahlung.

Mit freundlichen Grüßen
Frohsinn

Eine Routine-angelegenheit?

Öffentliche Verpflichtungen

7

AMTSGERICHT 27.9.

Herrn
Hans Schnell
Grüberstraße 3
00000 Boxhausen

Betr.: Schöffe am Arbeitsgericht

Sehr geehrter Herr Schnell!

Die Amtszeit der ehrenamtlichen Schöffen an unseren Gerichten läuft jetzt aus und wir bestellen zur Zeit neue Schöffen.

Als Schöffe kommen nur unbescholtene, ehrbare Mitbürger infrage, die sich darüber hinaus durch ihre berufliche Praxis als erfolgreiche und sorgfältig handelnde Menschen ausgewiesen haben.

Der Tätigkeit als Schöffe kann man sich nur in sehr begründeten Ausnahmefällen entziehen.

Bitte finden Sie sich am Dienstag dem 5. 10. von 15.00 bis 18.00 Uhr im großen Saal des Amtsgerichtes ein, wo die Einweisung und Vereidigung stattfindet.

Mit vorzüglicher Hochachtung
Dr. W. Gross

8

Lieber Herr Schnell!

Gerade haben wir Ihre Frau ins Krankenhaus gefahren.

Da ich nicht genau weiß, ob Sie morgen da sind, aber unbedingt einige Lieferanten bezahlt werden müssen, bitte ich Sie beiliegenden Blankoscheck zu unterschreiben.

Außerdem muss ich morgen einkaufen gehen und brauche dafür etwa € 300,–.

Mit freundlichen Grüßen
Martha

Eine Notiz der Haushälterin

Eine Mieterhöhung

9

Haus- und Grund GmbH
Postfach
00000 Dollheim

15. 9.
Per Einschreiben

Herrn
Hans Schnell
Grübenstraße 3
00000 Boxhausen

Sehr geehrter Herr Schnell!

Sie wohnen jetzt 3 Jahre in unserem Haus und wir glauben sagen zu können, zur gegenseitigen Zufriedenheit. Wir hoffen, dass das auch so bleibt, und werden unsererseits alles dazu tun.
Nun sind in den letzten Jahren allgemein die Mieten stark angestiegen und dem können auch wir uns nicht entziehen. Daher sehen wir uns gezwungen entsprechend § 3/2/1 Ihres Mietvertrages die monatliche Miete um 25% ab 1. 12. dieses Jahres anzuheben. Dafür haben Sie sicherlich Verständnis, obgleich das für Sie vermutlich keine angenehme Information ist. Wir bitten Sie uns bis zum 4. 10. Ihre Zustimmung zu geben, ansonsten wir uns gezwungen sehen Ihren Mietvertrag fristgerecht zum 31. 12. zu kündigen.

Mit freundlichen Grüßen
Hanno Sauer
Geschäftsführer

10

28. 9.

Der Sohn in Geldnöten

Lieber Vater,

da Mutter schon gestern nicht gut dran war, habe ich ihr ein schönes Geschenk (eine goldene Brosche für € 800,–) besorgt. Sie hat sich darüber sehr gefreut. Da ich aber nur € 200,– hatte, habe ich mein Quickli für € 600,– an meinen Freund verkauft. Mein Freund konnte das Geld aber erst heute bringen und so habe ich beim Juwelier auf Pump die Brosche gekauft.

Heute früh rief mein Freund an und sagte, dass sein Vater den Quickli-Kauf verboten hat. Jetzt brauche ich dringend € 600,–.

Dein Sohn
Klaus

Ein abonnierter Informationsdienst

11

Vertrauliche Briefe

Herausgeber: Dr. Franz Sinz und Partner,
Bonn, Hauptstraße

Informationen aus Politik, Wirtschaft und Gesellschaft
Bonn, 28. 9.
Nur zum persönlichen Gebrauch

Warenbörse
Starke Regenfälle und kalte Witterungen verzögern die Ernte in Europa und führten bereits zu größeren Ausfällen, insbesondere bei Grünfutter und Futtergetreide.
Die große Hitzewelle und Trockenperiode in den USA erschwert die Versorgung der Viehherden mit Futter. Erste Reduzierungen der Viehbestände werden gemeldet.
Empfehlung: Interessanter Terminhandel mit Futtergetreide;
Raus aus landwirtschaftlichen USA-Aktien.

Stahlaktien
Die neue Regierung in Teheran will sich an der Deutschen Stahlindustrie in größerem Umfang beteiligen. Interessant ist dabei, dass die Beteiligung z. T. in Form von Aufträgen erfolgen soll. Die bei der jeweiligen Firma übliche Gewinnmarge soll später in eine Kapitalbeteiligung umgewandelt werden. Da es sich um Milliardenaufträge handelt, rechnen wir mit guten Entwicklungen der Stahlaktien.

Spionageerfolg
Der russische Geheimdienst hat ein elektronisches Codiersystem erfunden, das jeden Tag den Codeschlüssel ändert. Damit ist eine Entschlüsselung von Geheimbotschaften unmöglich geworden. Nun ist dem österreichischen Abwehrdienst das Programmierband in die Hand gefallen, womit das Codiersystem entschlüsselt und jede weitere Codierung gestört werden kann.

Aus der Börsenwelt
Es besteht Verdacht, dass verschiedene Finanzierungsinstitute mit Aktien der Niemand AG insofern unlauter spekulieren, als sie Informationen über Kursverfall verbreiten um diese Aktien danach preiswert aufzukaufen.

Wohnrecht in der Schweiz
Der bekannte Radprofi Julius Casol hat jetzt endgültig das ständige Wohnrecht in der Schweiz erhalten.
Der millionenschwere Belgier hatte zuvor dem kleinen, abgelegenen Gebirgsdorf eine Kirche und ein Kasino gestiftet.

Für die Richtigkeit der Informationen wird – wie üblich – keine Gewähr übernommen. Die „Vertrauliche Briefe" erscheinen 14-tägig seit dem Jahr 1951. Abonnenten zur Zeit 185 000. Über 150 qualifizierte Informanten arbeiten mit uns zusammen.

Der Schulleiter schreibt

12

Dr. Johann Mies
Direktor

Gesamtschule
Brachial

28. 9.

Sehr geehrter Herr Schnell,

Ihre beiden Kinder Klaus und Uschi haben vorgestern zum vierten Mal in einem Monat unentschuldigt gefehlt. Nach dem dritten Mal hatte ich an Sie bereits geschrieben, dass Ihre Kinder nicht nur unentschuldigt fehlen, sondern zusätzlich auch das eine oder andere Mal Ihre Unterschrift auf einem angeblichen Entschuldigungsbrief von Ihnen fälschten. Das ist nun gestern auch wieder passiert. Ihre Kinder haben den Brief selber geschrieben und Ihre Unterschrift nachgemacht.

Entweder Sie liefern uns für vorgestern eine hieb- und stichfeste Entschuldigung für Ihre Kinder umgehend nach oder Ihre Kinder werden von der Schule verwiesen.

Hochachtungsvoll
Dr. Johann Mies

13

Zeitplanung

Es ist jetzt 17.00 Uhr. Um 19.00 Uhr schließen alle Geschäfte und Büros und Sie müssen wieder zu Hause sein. Sie wollen in diesen 2 Stunden so viel wie möglich persönlich erledigen.

Ihr Auto ist nicht fahrbereit, sonstige Mittel wie Straßenbahn, Fahrrad, Telefon stehen nicht zur Verfügung.

Jede Minute zählt (und bringt Punkte)

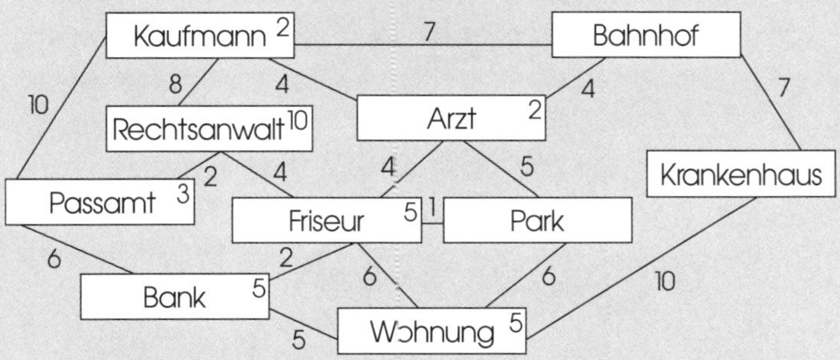

Im obigen Lageplan sind die verschiedenen Anlaufstellen zu ersehen. Die möglichen Wege sind durch Linien gekennzeichnet. Die Zahlen auf den Wegen bedeuten die Zeit, die Sie jeweils zu Fuß benötigen, die Zahlen in den Kästchen bedeuten notwendige Aufenthalte, alles in Minuten. Um zum Beispiel vom Friseur zum Bahnhof zu gelangen brauchen Sie aber nicht zum Arzt reinzugehen. Sie benötigen dann 8 Minuten dafür, da die Straßen jeweils an den Kästchen vorbeiführen.

Beim Arzt müssen Sie Ihr Impfzeugnis abholen. Die Bank schließt um 19.00 Uhr. Um 18.30 Uhr müssen Sie zu Hause sein um Ihren Kindern die Haustür aufzuschließen, wofür Sie 5 Minuten Aufenthalt brauchen. Ferner wollen Sie noch Zeitungen für die Reise einkaufen, Geschäfte dafür finden Sie in jeder Straße. Außerdem müssten Sie noch ganz kurz (5 Minuten) zum Friseur um sich rasieren zu lassen, da Ihr Rasierapparat kaputt ist. Beim Kaufmann ist ein Geschenkkorb abzuholen, den Sie zum Bahnhof bringen wollen. Dort kommt um 17.57 Uhr ein Zug an und fährt um 18.03 Uhr ab. In diesem sitzt die Frau Ihres Chefs. Sie hat heute ihren 50. Geburtstag und Sie haben ihr eine schöne Überraschung versprochen, auf die sie nun während des Zugaufenthaltes wartet. Ihre Frau könnten Sie ab 17.00 Uhr im Krankenhaus besuchen. Im Park wartet Ihre Freundin, mit der Sie sich zwischen 17.00 und 19.00 Uhr verabredet haben. Beim Passamt müssen Sie bis 17.30 Uhr ihren Reisepass abholen.

Versuchen Sie alle Anlaufstellen zu erreichen. Jede Minute, die Sie im Krankenhaus verbringen, zählt zusätzlich 3 Punkte, jede im Park 2 Punkte.

14

28. 9.

Noch eine Notiz der Haushälterin

Lieber Herr Schnell,

gestern rief unser Nachbar Karlus, der ein guter Freund Ihres Chefs ist, an und beschwerte sich, dass das Wasser von unserem Dach seinen Garten unterspült. Sie wissen ja, dass unsere Dachrinnen alle verstopft sind. Wenn sich das nicht gleich ändert, will er uns anzeigen. Vorher will er aber, und zwar am Montag (4. 10.) um 15.00 Uhr, mit Ihnen sprechen.

Am Montag dem 4. 10. um 16.00 Uhr stellt sich ein neuer Lehrling vor.

Ihr Büro hat angerufen, dass man Sie nicht vor Mittwochmittag zurück erwartet. Alle früheren Kunden-Termine hat Ihr Büro abgesagt.

Ihr Chef hat sich für Mittwoch (6. 10.) mit einem angeblich wichtigen persönlichen Anliegen um 19.45 Uhr zu Besuch angesagt.

Grüße
Martha

... und noch ein Brief vom Steuerberater

15

Karl-Anton Gut
Rechts- und Steueranwalt

27. 9.

Lieber Herr Schnell,

in Ihrer letzten Steuererklärung hatten Sie Verluste aus Aktienspekulationen angegeben. Die können wir so nicht von der Steuer absetzen.

Aber es gibt eine Möglichkeit Verluste aus Aktienbesitz (zum Beispiel Kursverfall wegen Konkursen usw.) bis zur Höhe von € 60 000,– gegen eine Versicherungsgebühr von € 800,– monatlich abzusichern. Nähere Einzelheiten müssten wir besprechen.

Da ich am 29. September ab 19.00 Uhr in Urlaub gehe, müssten wir uns vorher treffen. Sollten Sie Interesse an einer solchen Versicherung haben, bringen Sie bitte € 800,– in bar mit.

Mit freundlichen Grüßen
Ihr
Karl-Anton Gut

Postkorbbearbeitung trainieren

Wenn Sie diesen Postkorb als Training einmal selbst bearbeiten wollen, dann listen Sie am besten auf einem Zettel alle Vorgänge auf und notieren Sie in Stichworten Ihre Überlegungen und die jeweilige Entscheidung. Vergeben Sie in einer eigenen Spalte auf diesem Zettel auch Prioritäten nach dem Eisenhower-Tableau.

Ihren Lösungsvorschlag für die Zeitplanung tragen Sie in der Skizze ein. Notieren Sie Ihren Aufenthalt an folgenden Stationen:

Am Bahnhof
von bis = Anzahl Minuten: ______

Im Krankenhaus
von bis = Anzahl Minuten: ______

Im Park
von bis = Anzahl Minuten: ______

Alle Anlaufstellen erreicht
☐ ja
☐ nein, es fehlen: ______
______
______
______

Die vorgeschlagene Lösung für diese Postkorbübung finden Sie im Anhang.

Mein Stärken-/Schwächenprofil

ÜBUNG: POSTKORB

Meine Stärken:	Das will ich tun, damit sie erhalten bleiben bzw. damit ich sie ausbaue:

Meine Schwächen:	Das will ich tun um sie abzubauen:

Fallstudien

> *Entscheide lieber ungefähr richtig als genau falsch.*
> *Gerhard Weigle*

Bei den Fallstudien geht es darum, komplexe Probleme oder bestimmte fachliche Aufgabenstellungen in einer vorgegebenen Zeit zu lösen. Manchmal ist die Fallstudie an Aufgaben angelehnt, die in der angestrebten Position vorkommen können. In diesen Fällen dient die Fallstudie vor allem dazu, das Fachwissen des Kandidaten zu prüfen. Im Allgemeinen behandeln Fallstudien jedoch kein spezielles Fachthema aus dem zukünftigen Arbeitsgebiet der Kandidaten, sondern beziehen sich auf generelle Problemstellungen aus dem Arbeits- und Privatleben.

Meist schriftliche Bearbeitung

Je nach Umfang und Komplexität unterscheidet man bei den Fallstudien Kurzfälle von längeren Fallbearbeitungen. Kurzfälle enthalten lediglich eine kurze Problemdarstellung, die längeren Fallstudien enthalten ausführliche Hintergrundinformationen und Detailschilderungen. Die Ergebnisse müssen Sie den Beobachtern meistens in schriftlicher Form abgeben; bei Kurzfällen kann es aber auch sein, dass Sie Ihre Ergebnisse im Rahmen eines Vortrags oder einer Präsentation darlegen sollen.

Kurzfälle sind keinesfalls leichter zu bearbeiten als längere Fallstudien. Man benötigt aber weniger Zeit für die Textanalyse und auch das Ergebnis ist meistens in kürzerer Form darzustellen als bei den ausführlichen Fallstudien. Zu Ihrer Orientierung bringen wir im Folgenden zwei Beispiele für mögliche Kurzfälle.

Kurzfälle

Probleme bei der Arbeitsorganisation

FALL 1

Stellen Sie sich vor, Sie sind Abteilungsleiter in einer größeren Filiale eines Versicherungsunternehmens. Ihnen unterstehen fünf Gruppenleiter, die jeweils acht Mitarbeiter führen. Die Aufgabe der Gruppen ist es, Schadenanträge von Kunden zu bearbeiten.
Zur Förderung der Leistungsfähigkeit der Mitarbeiter haben Sie einen Wettbewerb ausgelobt. Jeden Monat wird die Gruppe prämiert, die die Anträge der Kunden am schnellsten bearbeitet. Damit der Wettbewerb gerecht ist, wird jeden Tag die eingehende Post zu gleichen Teilen auf die Gruppen verteilt.
Jetzt ist folgende Situation eingetreten. Der Arbeitsstand der Gruppen 1 bis 3 ist normal, in Gruppe 4 sind zwei Mitarbeiter krank und einer in Urlaub; in der Gruppe 5 ist die Situation noch verheerender: Von den acht Mitarbeitern fallen zwei wegen Krankheit aus, einen mussten Sie an eine andere Filiale ausleihen, zwei weitere sind in Urlaub. Durch diese Situation sind in den Gruppen 4 und 5 Rückstände aufgetreten; die ersten Kunden beschweren sich bereits. Was tun Sie um die Kunden zufrieden zu stellen?

Zeit: 20 Minuten

Ein überraschender Vorschlag beim Ideenwettbewerb

FALL 2

Als Personalleiter sind Sie verantwortlich für den betrieblichen Ideenwettbewerb. Sie haben dieses Instrument eingeführt um die Innovationskräfte des Unternehmens anzukurbeln. Jedes Jahr reichen ungefähr 150 der 3000 Mitarbeiter Ihres Betriebes Vorschläge zur Verbesserung von Arbeitsabläufen, zur Förderung des Betriebsklimas usw. ein.

Dieses Jahr steht unter dem Motto „Kosteneinsparung auf allen Ebenen". Ein Team von Mitarbeitern reicht nun folgenden Vorschlag ein:

Wir schlagen vor den betrieblichen Ideenwettbewerb abzuschaffen. Begründung: Der betriebliche Ideenwettbewerb bindet mindestens zwei Mitarbeiter. Diese kosten das Unternehmen jährlich über 60 000 €; hinzu kommen noch Kosten für Prämien und Preise von 15 000 €. Aus dem letzten Rechenschaftsbericht des Ideenwettbewerbs entnehmen wir, dass die Einsparungen für das Unternehmen lediglich 45 000 € im Jahr betrugen. Außerdem sind wir der Meinung, dass es die Aufgabe eines jeden Mitarbeiters ist Verbesserungen in seinem Arbeitsgebiet selbstständig vorzunehmen.

Wie lautet Ihre Stellungnahme zu diesem Vorschlag?

Zeit: 30 Minuten

Die Bearbeitung von Fallstudien

Im Prinzip gelten für die Bearbeitung von Fallstudien die gleichen Regeln wie für den Postkorb. Gehen Sie also ruhig und systematisch an die Aufgabe heran. Lesen Sie zuerst den Text genau durch und machen Sie sich Stichworte zu den wichtigsten Punkten, Daten, Terminen usw.

Berücksichtigung aller wichtigen Aspekte

Achten Sie bei Ihrer Lösung darauf, dass Sie alle Aspekte berücksichtigen, die für die Entscheidung wichtig sind. Begründen Sie Ihre Entscheidung, indem Sie die entscheidungsrelevanten Daten und Fakten stichwortartig auflisten. So können Sie später nachvollziehen, wie Sie zu dieser Entscheidung gekommen sind.

Wenn Sie unter Zeitdruck stehen und mehrere Fälle bearbeiten müssen, teilen Sie genau ein, wie viel Zeit Sie für die einzelne Aufgabe verwenden wollen, und halten Sie sich strikt daran. Rufen Sie sich in einer solchen Situation das Motto dieses Kapitels in Erinnerung: „Entscheide lieber ungefähr richtig als genau falsch" (G. Weigle) – will sagen, berücksichtigen Sie, dass es eine hundertprozentig richtige Lösung meistens nicht gibt. Es ist besser in diesen Fällen nur Lösungs*ansätze* für alle Aufgaben zu skizzieren, als ein oder zwei Aufgaben gar nicht zu lösen. Im Berufsleben werden Sie immer wieder vor derartigen Situationen stehen und dann kommt es eben darauf an, dass Sie nach Ihrem Gefühl oder, wie man sagt, „aus dem Bauch" entscheiden können.

Lösungen nachvollziehbar dokumentieren

Dokumentieren Sie die Lösung so, dass alle, auch die Beobachter, nachvollziehen können, wie Sie zu Ihrer Entscheidung gekommen sind. Versuchen Sie, auch wenn es Ihnen schwer fallen sollte, dabei ordentlich zu schreiben, denn es erfreut keinen Beobachter, wenn er einen Schriftexperten braucht um Ihre Lösung zu werten.

Darauf achten die Beobachter Bei entsprechender inhaltlicher Schwerpunktsetzung der Fallstudie und längerer Bearbeitungszeit steht die Überprüfung des fachlichen Wissens der Kandidaten im Vordergrund.

Wenn mehrere kurze Fälle hintereinander geschaltet sind, wird geprüft, ob Sie in der Lage sind die Problemsituation schnell zu erfassen und zu entscheiden, welche Lösung die richtige sein könnte. Hier werden also außer Ihrem fachlichen Wissen noch andere Kriterien wie „Belastbarkeit", „Auffassungsgabe", „Analytisches Denkvermögen" und „Entscheidungsfreude" erfasst.

Bei längeren Fallstudien, die viele Details enthalten, kann es außerdem sein, dass Ihre „Konzentrationsfähigkeit" auf dem Prüfstand steht.

MEIN ÜBUNGSPLAN

Zum Trainieren von Fallstudien haben wir noch zwei Beispiele von Planungsaufgaben für Sie dokumentiert.

Planungsaufgabe 1: Urlaubsvorbereitung
Drei Freunde beabsichtigen gemeinsam ihren dreiwöchigen Urlaub zu verbringen. Innerhalb dieser drei Wochen wollen sie auf dem europäischen Fernwanderweg 5 von Oberstdorf nach Meran wandern. Dafür benötigen sie – wenn das Wetter mitmacht – fünf Tage. Den Rest der Zeit wollen sie in Oberstdorf verbringen.
Bereiten Sie diese Urlaubsreise vor. Für die Vorbereitung steht der gesamte Monat August zur Verfügung. Die Reise soll am 1. September beginnen.

Lösungshinweise zu Aufgabe 1
Erstellen Sie sich zunächst eine Tätigkeitsliste.

1	Urlaub (mit Wanderung)
1.1	Hotels reservieren
1.1.1	Hotel O. aussuchen
1.1.2	Hotel M. aussuchen
1.1.3	Budget kalkulieren
1.1.4	anrufen
1.1.5	schriftliche Bestätigung

1.2 Ausrüstung überprüfen und ergänzen
1.2.1 Infos auswerten
1.2.2 Bestand auflisten
1.2.3 mit Freunden abstimmen
1.2.4 fehlende Ausrüstung kaufen

1.3 Informationsmaterial besorgen
1.3.1 Hotels
1.3.2 Zugverbindung M. – O.
1.3.3 Karten
1.3.4 Führer

1.4 Fahrzeug überprüfen
1.4.1 Verschleißteile checken
1.4.2 Verschleißteile tauschen
1.4.3 TÜV

1.5 Proviant beschaffen
1.5.1 Bedarf abklären
1.5.2 Platzbedarf
1.5.3 mit Freunden abstimmen
1.5.4 kaufen

Übertragen Sie dann die Tätigkeiten in eine Tätigkeitsliste wie die folgende. Bestimmen Sie, welche Tätigkeiten auf welche folgen, und tragen Sie die direkten Vorgänger in die entsprechende Spalte ein. Schätzen Sie jetzt die Zeit. Rechnen Sie vorwärts und rückwärts und legen Sie die Kalenderdaten fest. Beachten Sie, dass Sie zeitliche Spielräume (Pufferzeiten) einplanen.

Hilfsmittel: Planungsformular/Tätigkeiten

Tätigkeit	dir. Vorgänger	Dauer Tage	frühestens Start	frühestens Ende	spätestens Start	spätestens Ende	Puffer Tage
T1 Hotels reservieren	T3	15	5.8.	20.8.	15.8.	30.8.	10
T2 Ausrüstung prüfen + erg.	T3	20	5.8.	25.8.	5.8.	25.8.	0
T3 Infomaterial besorgen	–	5	1.8.	5.8.	1.8.	5.8.	0
T4 Fahrzeug überprüfen	–	10	1.8.	10.8.	20.8.	30.8.	20
T5 Proviant beschaffen	T2	5	25.8.	30.8.	25.8.	30.8.	0

Planungsaufgabe 2: Kongressorganisation

Sie sind als Projektleiter dafür verantwortlich, einen Kongress für die 120 Führungskräfte Ihres Unternehmens zu organisieren. Die Führungskräfte kommen aus den Filialen des gesamten Bundesgebiets. Wir haben heute den 31.1., der Termin für den Kongress ist der 26., 27. und 28.11. Als Projektleiter können Sie auf drei Mitarbeiter zurückgreifen, die Ihnen jedoch nicht ständig zur Verfügung stehen.

Ihre Geschäftsleitung hat Ihnen die folgenden Vorgaben gemacht:

- Die Veranstaltung findet extern (Hotel) möglichst zentral statt.
- Der Kongress beginnt am 26.11 mit dem Mittagessen, die Teilnehmer reisen individuell an.
- Ab 14.00 Uhr soll ein Informationsmarkt stattfinden, auf dem sich zehn ausgewählte Unternehmensbereiche präsentieren. Der Informationsmarkt ist um 17.00 Uhr beendet. Die Unternehmensbereiche sollen sich wie auf einer Messe präsentieren.

- Um 18.00 Uhr findet ein einführender Vortrag zum Thema des folgenden Tages („Auswirkungen des Binnenmarktes auf die Unternehmensstrategie") statt. Dazu soll ein Referent verpflichtet werden.
- 19.30 Uhr gemeinsames Abendessen.
- Am 27.11. Beginn 9.00 Uhr.
- Es wird in sechs Arbeitskreisen parallel zum Thema „Auswirkungen des Binnenmarktes ..." gearbeitet.
- Vormittags und nachmittags sollen jeweils unterschiedliche Aspekte des Themas beleuchtet werden.
- Die Themenvorschläge werden von den Führungskräften vorher eingebracht und zwei Themen von der Geschäftsleitung ausgewählt.
- Die Arbeitskreise werden von Mitarbeitern des Unternehmens moderiert.
- Die Ergebnisse der Arbeitskreise werden um 19.00 Uhr dem Plenum präsentiert, danach Abschluss-Statement des Vorstandsvorsitzenden.
- Am 27.11. von 13.00 bis 15.00 Uhr Mittagspause.
- Um 20.00 Uhr gemeinsames Abendessen und Tagesausklang.
- Abreise am 28.11. nach dem Frühstück.

Resultierende Aufgaben:
- Budgetplanung
- Organisation des Ablaufs
- Inhaltliche Gestaltung
- Organisation des Info-Marktes

Fertigen Sie zunächst einen kurzen Projektentwurf nach dem folgenden Schema an:
1. Projektbeschreibung
2. Projektdauer
3. Projektbudget
4. Projektteam
5. Projektergebnisse/Projektziel

Erstellen Sie dann eine detaillierte Planung für das Projekt „Führungskräfte-Kongress"!

Mein Stärken-/Schwächenprofil

ÜBUNG: FALLSTUDIEN
(Achtung: auch fachliche Stärken/Schwächen notieren)

Meine Stärken:	Das will ich tun, damit sie erhalten bleiben bzw. damit ich sie ausbaue:

Meine Schwächen:	Das will ich tun um sie abzubauen:

Unternehmensplanspiele

> *Planung ersetzt den Zufall durch den Irrtum.*

In der letzten Zeit werden in ACn manchmal auch Unternehmensplanspiele eingesetzt. Wegen des großen Zeitaufwandes allerdings häufiger in längeren Personal-Entwicklungs-Seminaren als in Auswahl-ACn.

Unternehmensführung als Computerspiel

Bei einem Unternehmensplanspiel wird die Entwicklung eines ganzen Unternehmens über einen längeren Zeitraum simuliert. Das wichtigste Hilfsmittel dazu ist ein entsprechendes Computerprogramm. Das Grundprinzip des Ablaufs ist immer gleich: Sie erhalten Informationen über das Unternehmen und müssen für einen bestimmten Planungszeitraum, der beispielsweise einem Geschäftsjahr entspricht, verschiedene Entscheidungen treffen. Diese Entscheidungen, genauer gesagt: die entsprechenden Daten, werden in den Computer eingegeben. Der Computer ermittelt dann nach bestimmten Regeln, die im Programm festgelegt sind, die Auswirkungen der Entscheidungen. Sie erhalten die Informationen über die neue Situation nach dem Ablauf dieses Geschäftsjahres und damit ist die erste Spielrunde beendet. Nach diesem Muster können Sie über mehrere Spielrunden das Unternehmen „leiten“ und sehen, welche Erfolge Sie erzielen.

Wir wollen versuchen Ihnen mit einem kleinen Beispiel etwas klarer zu machen, wie so ein Unternehmensplanspiel konkret aussehen kann.

Ein neues Produkt soll eingeführt werden

DIE FIRMA WASCHI

Sie sind Mitglied des Leitungsteams von WASCHI, einem Unternehmen, das Waschmittel herstellt und in den Handel bringt. Bei WASCHI gibt es in der Ausgangssituation zwei Produkte, die schon länger am Markt sind: ein Vollwaschmittel und ein Buntwaschmittel. Außerdem wurde gerade ein neues Produkt entwickelt, das aber noch nicht eingeführt ist: ein aus drei Komponenten bestehendes „Baukastensystem".

Sie steuern mit Ihren Kollegen die folgenden Bereiche des Unternehmens:

Bereiche	**Aufgaben**
Produktion	Herstellung der Waschmittel einschließlich Qualitätskontrolle
Einkauf	Beschaffung der Grundstoffe für die Produktion und der Verpackungsmaterialien
Marketing	Äußere Gestaltung der Produkte (Packungsgrößen, Art und Aussehen der Verpackung), Werbung, Preisgestaltung
Verkauf	Absatz der Produkte an Handelsgesellschaften und Großhändler
Personal	Personalbeschaffung, Personalverwaltung, Weiterbildung

Gespielt werden fünf Planungsrunden, in denen jeweils Entscheidungen für ein halbes Jahr getroffen werden müssen. Die Ziele für Sie und Ihre Kollegen:

1. Einführung des neuen Produktes und Erreichen eines Marktanteils von 5% und
2. Steigerung des Gesamtergebnisses des Unternehmens um 8%.

In der ersten Planungsrunde müssen Sie Entscheidungen zur Produktgestaltung und zur Produktionsplanung treffen, Sie sollen eine Absatzplanung für verschiedene Verkaufsgebiete machen und darüber entscheiden, ob für die Produktion neues Personal beschafft werden muss. Ihnen stehen Informationen über alle wichtigen allgemeinen Kennzahlen des Unternehmens zur Verfügung (Anzahl der Mitarbeiter, bisherige Marktposition, Umsatz, Gewinne usw.). Außerdem gibt es verschiedene Daten, die für die speziellen Entscheidungen wichtig sein können: beispielsweise Ergebnisse aus Marktforschungsuntersuchungen über die Gesamtsituation der Waschmittelbranche und speziell der Baukastensysteme, bisherige Absatzentwicklungen in den Verkaufsgebieten, Daten über den Personalbestand usw.

„Verrechnung" der Entscheidungen

Sie haben eine Stunde Zeit für die erste Planungsrunde. Aus der gesamten Informationsmenge, die im Computer enthalten ist, können Sie selbst die Informationen abrufen, die Sie für Ihre Entscheidungen für wichtig halten. Nach einer Stunde müssen Sie alle Entscheidungen getroffen haben, diese werden in den Computer eingegeben und verrechnet. Für die zweite Spielrunde erfahren Sie dann, wie sich die Situation aufgrund Ihrer Entscheidungen und „äußerer" Einflüsse verändert hat. Sie erhalten neue Teilaufgaben, können wieder Informationen abrufen und müssen erneut Entscheidungen treffen.

Beim Unternehmensplanspiel im AC kann es sein, dass Sie, wie im Beispiel, im Team mit anderen Bewerbern arbeiten. Dann wird auch die Teamarbeit beobachtet. Dafür gilt dann all das, was im Kapitel „Gruppendiskussion" gesagt wurde.

Es kann aber auch sein, dass Sie allein die Geschicke einer ganzen Firma lenken sollen. Dann entspricht das Unternehmensplanspiel einer besonders umfangreichen und komplexen Fallstudie.

Beobachtungskriterien

Es können zum Beispiel Anforderungskriterien wie Fachwissen, Auffassungsgabe, Organisations- und Planungsfähigkeit, Analysefähigkeit und Urteilsvermögen, Risikobereitschaft und Entscheidungsfreude erfasst werden. Viele von den Tipps, die wir Ihnen zu Fallstudien gegeben haben, sind auch wichtig für Planspiele. Ganz spezielle Übungsmöglichkeiten für ein Unternehmensplanspiel können wir Ihnen im Rahmen dieses Buches leider nicht anbieten. Weiterführende Literaturhinweise finden Sie im Anhang.

Tests

Um die Informationen über die Bewerber aus den Beobachtungen und dem Interview zu ergänzen und abzurunden werden in einigen ACn auch standardisierte psychologische Testverfahren eingesetzt. Dabei werden Ihnen meist die so genannten „Paper-and-pencil"-Tests begegnen, bei denen Sie, eben mit „Papier und Bleistift", bestimmte Aufgaben lösen oder Fragen beantworten müssen.

Zu solchen Testverfahren und der Sinnhaftigkeit ihres Einsatzes bei der Bewerberauswahl ist schon sehr viel geschrieben worden. Hinweise auf weiterführende Literatur zu diesem Thema finden Sie im Anhang. Hier bekommen Sie nur eine grobe Orientierung darüber, was ein Testverfahren ist und welche verschiedenen Typen von Tests es gibt.

Qualitätskriterien von Tests

Allgemein gesagt ist ein psychologischer Test ein speziell konstruiertes Verfahren, mit dem bestimmte „Merkmale" von Personen erfasst oder „gemessen" werden. Für die Konstruktion des Verfahrens gelten eine Reihe von Regeln und der „fertige" Test muss verschiedenen „Gütekriterien" entsprechen.

Die wichtigsten Gütekriterien sind Objektivität, Zuverlässigkeit und Gültigkeit:

- Ein Test ist dann „objektiv", wenn für eine Person immer das gleiche Ergebnis erreicht wird, unabhängig davon, welcher Psychologe den Test durchführt.
- Damit das Gütekriterium der Zuverlässigkeit erfüllt ist, muss auch bei einer oder mehreren Wiederholungen des Tests (mit gewissen Zeitabständen) für eine Person wieder das gleiche Ergebnis herauskommen.

- Als „gültig“ wird ein Test dann angesehen, wenn das Testergebnis wirklich nur durch die Merkmale der Person entscheidend beeinflusst wird, die erfasst werden sollen, und durch keine anderen Merkmale. Dies wird am besten durch ein Beispiel verdeutlicht: Wenn man leseschwache Kinder unter Zeitdruck einen Rechentest bearbeiten lässt, der nur aus Textaufgaben besteht, dann wird das Ergebnis mehr von der Lese- als von der Rechenfähigkeit beeinflusst. Der Test wäre nicht gültig.

Testentwicklung

Die eigentliche „Messung“ bei einem Test funktioniert, etwas vereinfacht dargestellt, folgendermaßen: Während der Entwicklungsphase des Tests wird eine repräsentative Stichprobe aus der Bevölkerungsgruppe zusammengestellt, für die der Test später eingesetzt werden soll. Diese Personen bearbeiten die Testaufgaben und alle ihre Ergebnisse werden in Tabellenform festgehalten. Die Ergebnisse derjenigen Personen, die später mit dem fertigen Test untersucht werden, werden mit den Ergebnissen dieser „Eichstichprobe“ verglichen und können so beispielsweise als „durchschnittlich“, „über-“ oder „unterdurchschnittlich“ bewertet werden. Das bedeutet, dass die Aussage eines Tests nie „absolut“ ist, sondern immer auf dem Vergleich einer Person mit einer Gruppe beruht.

Man kann verschiedene Typen von Testverfahren unterscheiden:

- Intelligenztests
- Leistungstests
- Projektive Testverfahren
- Persönlichkeitsfragebogen
- Biografische Fragebogen

Aus Sicht der wissenschaftlichen Psychologie handelt es sich nicht bei allen diesen Verfahren um „Tests“ im engeren Sinne. Sie sollen hier aber trotzdem unter diesem geläufigen Oberbegriff kurz vorgestellt werden.

Intelligenztests

Unterschiedliche „Intelligenz"-Theorien

Die Intelligenztests sind die bekanntesten unter den aufgeführten Verfahren. Jedem Intelligenztest liegt eine bestimmte Theorie darüber zu Grunde, was „Intelligenz" eigentlich ist: welche allgemeinen geistigen Fähigkeiten (wie „logische Zusammenhänge erkennen", „Schlussfolgerungen ziehen" usw.) es gibt und wie diese einzelnen Fähigkeiten bei komplexen geistigen Leistungen zusammenspielen.

Je nach der dahinter stehenden Theorie besteht ein Intelligenztest dann aus verschiedenen „Untertests", d.h. Aufgabengruppen, mit denen die einzelnen Fähigkeiten erfasst werden. Typisch sind Aufgaben wie sprachliche Analogien („Baum" verhält sich zu „Pflanze" wie „Hund" zu ?), zum Fortsetzen logischer Reihen (2, 4, 6, ?) oder zum räumlichen Vorstellungsvermögen. Meist wird aus den Ergebnissen der Untertests der Durchschnitt berechnet, der dann als Maß für die Gesamtintelligenz dient.

Leistungstests

Leistungstests sind ähnlich aufgebaut und konstruiert wie Intelligenztests. Mit ihnen werden solche allgemeinen geistigen Fähigkeiten erfasst, die nicht der Intelligenz zugeordnet werden, zum Beispiel Konzentration und Ausdauer.

Projektive Testverfahren

Meinungen und Werthaltungen

Mit diesen Verfahren werden hauptsächlich Einstellungen, Meinungen und Grundhaltungen von Personen erfasst. Den zu untersuchenden Personen werden mehrdeutige Vorlagen präsentiert, wie beispielsweise die berühmten „Tintenklecks-Bilder" des Rohrschach-Tests. Die Testteilnehmer sollen erzählen, was sie in dem Bild sehen, oder, bei einem anderen dieser Verfahren, eine Geschichte zu einem Bild erzählen. Der Grundgedanke ist, dass die Befragten dabei, hauptsächlich unbewusst, eigene Einstellungen, Meinungen oder auch Grundhaltungen in den Geschichten mitverarbeiten. Der Einsatz von projektiven Verfahren im Bereich der Bewerberauswahl ist besonders umstritten.

Persönlichkeitsfragebogen

Durch Persönlichkeitsfragebogen werden bestimmte Merkmale oder „Charaktereigenschaften" von Personen erfasst. Die Fragebogen bestehen aus einer Reihe von Selbstaussagen, etwa: „Es fällt mir schwer andere Leute anzusprechen." Sie müssen jeweils ankreuzen, ob diese Aussage für Sie zutrifft oder nicht. In manchen Fragebogen gibt es auch noch weiter abgestufte Antwortmöglichkeiten („trifft voll zu/trifft überwiegend zu/trifft nur wenig zu/trifft gar nicht zu"). Die Auswertung dieser Fragebogen beruht prinzipiell auch auf einem Vergleich der Antworten der getesteten Person mit den Antworten aus „Eichstichproben", die während der Testentwicklung erhoben wurden.

Biografische Fragebogen

Empirisch ermittelte „Erfolgsfaktoren"

Biografische Fragebogen müssen ganz gezielt für bestimmte berufliche Positionen, möglichst auch unternehmensspezifisch entwickelt werden. Dabei werden viele biografische Daten von sehr erfolgreichen Positionsinhabern und solche von wenig erfolgreichen Positionsinhabern erfasst. Unter anderem auch solche Fragen, die scheinbar nichts mit dem Beruf zu tun haben (zum Beispiel: Haben Sie Geschwister? An welcher Stelle in der Geschwisterreihe stehen Sie?). Es wird ausgewertet, in welchen Bereichen und auf welche Weise sich die Erfolgreichen von den Nicht-Erfolgreichen unterscheiden. Alle Fragen, bei denen ein deutlicher Unterschied festgestellt werden kann, werden in den endgültigen Fragebogen aufgenommen, den Sie als Bewerber dann vorgelegt bekommen. Der Grundgedanke ist, dass diejenigen Bewerber, die den jetzigen Erfolgreichen hinsichtlich der abgefragten Merkmale möglichst ähnlich sind, wahrscheinlich auch erfolgreich sein werden. Dabei ist es unerheblich, ob man weiß, wie die einzelnen Faktoren mit dem Berufserfolg zusammenhängen.

Diese Testknacker habe ich durchgearbeitet:

____

____

____

____

Mein Stärken-/Schwächenprofil	
Meine Stärken:	Das will ich tun, damit sie erhalten bleiben bzw. damit ich sie ausbaue:
Meine Schwächen:	Das will ich tun um sie abzubauen:

Interviews

Ein Teil eines Assessment-Centers besteht häufig auch in einem „klassischen" Interview oder Bewerbungsgespräch. Einer der Beobachter führt mit Ihnen ein Gespräch unter vier Augen, das meist eine halbe bis eine ganze Stunde dauert. Dabei geht es einerseits um die Themen, die angesprochen werden (zum Beispiel Ihr Werdegang, private Interessen, Ihr Interesse und Ihre Vorstellung von der Aufgabe, fachliche Fragen usw.). Andererseits wird Ihr Gesprächspartner auch darauf achten, wie Sie in der Situation selbst wirken, ob Sie nur „Fragen beantworten" oder das Gespräch aktiv mitgestalten usw.

Aussageinhalte und Gesprächsverhalten

Häufig müssen sich Bewerber mehreren Interviews mit wechselnden Gesprächspartnern stellen – eine Maßnahme, die mehr Objektivität gewährleisten soll.

Alle Hinweise und Tipps, die wir Ihnen zur Vorbereitung auf das AC insgesamt und für die Vorstellungsrunde gegeben haben, sind auch wichtig und wertvoll für das Interview. Auch die „Regeln für das aktive Zuhören" und viele der Tipps für die Rollenspiele gelten für dieses Gespräch. Wenn Sie dieses Buch bis hierher gründlich durchgearbeitet haben, sind Sie also auch schon für das Interview gut gerüstet.

Außerdem gibt es sehr viele Bücher, die sich ganz speziell mit dem Bewerbungsgespräch beschäftigen und alle dafür wichtigen Aspekte ausführlich behandeln (siehe hierzu auch die Literaturhinweise im Anhang).

Deswegen gehen wir an dieser Stelle nur noch einmal auf sehr häufige Themen und Fragen aus solchen Interviews ein.

Häufige Fragen

Notieren Sie sich Stichworte zu den folgenden Fragen und machen Sie mit einem Partner einen „Probelauf“. Wenn Sie dazu keine Gelegenheit haben, sprechen Sie die Antworten trotzdem laut vor sich hin. Es mag Ihnen vielleicht albern vorkommen, aber auch Profis üben so. Denn viele Dinge hören sich laut gesagt anders an als nur still gedacht.

Frage: Bitte stellen Sie uns Ihren bisherigen Werdegang dar.

Stichworte: ____________________

____

____

____

„Innere“ Logik

Neben den Fakten geht es um die „innere Logik“. Schildern Sie, was Ihnen bei schulischen und beruflichen Stationen wichtig war. Erklären Sie die Übergänge von einer zur nächsten Station (Warum dieses Studienfach, dieser -ort? usw.). Misserfolge nicht verschweigen, sondern „einordnen“. Eher kürzer anlegen und nachfragen lassen, als zu weitschweifig erzählen.

Frage: Welche Hobbys und privaten Interessen haben Sie?

Stichworte: ____________________

____

____

____

Persönlichkeit

Gefragt ist ein Eindruck von Ihrer ganzen Persönlichkeit, Privates gehört dazu. Wer keinerlei Interessen angibt, wirkt passiv und als „Fachidiot“. Wenn Sie begeistert von mehreren zeitaufwändigen Hobbys berichten, können allerdings Zweifel aufkommen, ob Ihre Energie auch noch für die Arbeit ausreicht.

Frage: **Was sind Ihre persönlichen Stärken?**

Stichworte: ______________________

____

____

____

Selbstbewusstsein

Erzählen Sie wirklich über *Ihre* Stärken, die Sie durch die Selbsteinschätzung und Gespräche mit anderen herausgefunden haben. Achtung: Sich seiner Stärken bewusst sein und sie beschreiben können ist gut – den anderen zeigen zu wollen, was für ein „toller Hecht" man ist, wirkt weniger positiv.

Frage: **Was sind Ihre Schwächen?**

Stichworte: ______________________

____

____

____

Selbsteinschätzung

Hier prüft Ihr Gesprächspartner Ihre realistische Selbsteinschätzung und auch Ihr Selbstbewusstsein. Das zeigt sich darin, dass Sie zu Ihren Schwachpunkten stehen können. Nennen Sie ein oder zwei Schwachpunkte. Beschreiben Sie, wie Sie damit umgehen können oder was sie tun um die Schwächen mit der Zeit abzubauen.

Frage: **Was war bisher Ihr größter Erfolg / Misserfolg?**

Stichworte: ______________________

____

____

____

Ihr Gegenüber interessiert, was Sie als „Erfolg" oder „Misserfolg" einschätzen, ob Sie überhaupt in diesen Kategorien denken.

Verantwortung

Er möchte wissen, ob Sie die Dinge aktiv gestalten wollen und Verantwortung für Ihr Handeln übernehmen, auch bei einem Misserfolg. Also, nicht breit erklären, warum Sie „nichts dafür konnten", ...

Frage: **Was interessiert Sie speziell an dieser Branche, unserem Unternehmen, dieser Stelle?**

Stichworte: ____________________

____

____

____

Gezieltes Interesse

Mit dieser Frage wird „abgeklopft", ob Sie sich blind irgendwo beworben haben oder gut informiert sind und ein gezieltes Interesse an einem bestimmten Bereich haben. Zeigen Sie, dass Sie sich bewusst für diese Bewerbung entschieden haben und motiviert sind genau hier zu arbeiten.

Frage: **Welches berufliche Ziel möchten Sie in drei (in fünf) Jahren erreicht haben?**

Stichworte: ____________________

____

____

____

Orientierung

Hinter dieser Frage steckt: Wer ein festes Ziel hat, ist auch bereit sich dafür anzustrengen. Sie müssen aber nicht unbedingt „Abteilungsleiter" werden wollen! Ein Ziel kann auch sein: Durch die Arbeit herausfinden, ob Ihr Weg in der Fach- oder der Führungslaufbahn liegt, und in drei Jahren den nächsten Entwicklungsschritt in die eine oder andere Richtung gehen.

Frage: **Warum sollten wir gerade Sie für die Stelle auswählen?**

Stichworte: ____

____

____

____

Selbstvertrauen

Sie müssen sich hier nicht mit anderen Bewerbern vergleichen. Es geht darum, ob Sie sich zutrauen die gestellte Aufgabe zu erfüllen und wie Sie es anpacken wollen. Stellen Sie Ihre Stärken heraus.

Mitarbeiterförderung durch Inhouse-Assessment-Center

Immer mehr Unternehmen setzen Assessment-Center nicht nur zur Auswahl von neuen Mitarbeitern ein. Auch bei der Mitarbeiterförderung spielt das Assessment-Center als Förder-AC inzwischen eine große Rolle. In Deutschland setzen es zur Zeit etwa 130 Großunternehmen ein. Hinzu kommt noch eine immer größer werdende Zahl von kleineren und mittleren Unternehmen, die dieses Verfahren zur Kompetenzanalyse des Führungskräftenachwuchses nutzen.

Begriffe

Förder-AC zur Mitarbeiter- und Führungskräfteentwicklung heißen

- Personal-Entwicklungs-Seminare, abgekürzt „PES“ (Agfa-Gaevert, Allianz, Continentale),
- Mitarbeiter-Entwicklungs-Seminare, abgekürzt „MES“ (Otto Versand),

- Förder- und Entwicklungs-Seminare, abgekürzt „FES" (Kaufring-AG)

Ihre Aufgabe ist es, geeignete Kandidaten für interne Entwicklungs- und Aufstiegsprogramme herauszufiltern. Im Mittelpunkt steht dabei die Besetzung von Führungspositionen. Mithilfe des Förder-ACs soll herausgefunden werden, ob die Mitarbeiter die Potenziale für den Führungsnachwuchs mitbringen oder ob sie sich eher für Spezialistentätigkeiten eignen.

Führungs- oder Spezialistentätigkeit

Chancen und Grenzen eines Förder-ACs

Chancen	Grenzen
• Unabhängig vom Vorgesetzten können Mitarbeiter individuell gefördert und entwickelt werden.	• AC kann immer nur ein Baustein bei der Beurteilung einer Gesamtpersönlichkeit sein.
• Mitarbeiterpotenziale können von einem objektiven Gremium gesichtet, entwickelt und gefördert werden.	• Nur mit Einstimmung des direkten Vorgesetzten können vereinbarte Entwicklungs- und Fördermaßnahmen sinnvoll durchgeführt werden.
• Mitarbeiter bekommen eine stärkere Orientierungshilfe bezüglich der eigenen Karriereplanung; sie erkennen eigene Stärken und Schwächen, erhalten Antwort auf die Fragen „Wo stehe ich?", „Wo liegen meine Potenziale?"	• Controlling durch die Personalentwicklung ist nur begrenzt möglich; die Hauptverantwortung liegt nach wie vor beim direkten Vorgesetzten.
• AC dient als Motivationsschub. Mitarbeiter haben das Gefühl, dass sich jemand um ihre Karriere kümmert und sie fördert.	• Demotivationseffekte sind bei Teilnehmern möglich, wenn deren Selbsteinschätzung bezüglich Stärken und Schwächen von der Fremdeinschätzung abweicht.

(Quelle: Wirtschaft & Weiterbildung 4/97, Seite 59)

Das Förder-AC ist darum nur ein Baustein aus einer ganzen Reihe von internen Auswahl- und Förderungsinstrumenten; es ergänzt die Beurteilungs- und Fördergespräche des Vorgesetzten um die Wahrnehmungen von geschulten Beobachtern, die die Kandidaten im Förder-AC betrachten.

Ablauf

Inhouse-Assessment-Center laufen nach denselben Regeln ab wie alle anderen ACs. Am Anfang steht die genaue Beschreibung der Aufgabe, für die Nachwuchskräfte gesucht werden. Dann werden die Anforderungen beschrieben, die die Nachwuchskräfte erfüllen sollen, und die Verhaltensbeschreibungen entwickelt, mit deren Hilfe die Beobachter einschätzen, ob ein Teilnehmer die Anforderungen erfüllt oder nicht. Auf dieser Basis werden dann die verschiedenen Übungen konstruiert, in denen das Verhalten getestet wird.

Auch für das Förder-AC gelten die sechs AC-Grundprinzipien: Anforderungsbezogenheit, Situationsorientierung, Methodenvielfalt, Verhaltensorientierung, Mehrfachbeurteilung und Trennung von Beobachtung und Bewertung.

Besonderheiten

Förder-ACs unterscheiden sich von herkömmlichen ACn vor allem in folgenden Punkten:

- Im Gegensatz zu vielen Auswahl-ACn werden in Förder-ACn häufig konkrete Situationen aus dem Unternehmensalltag simuliert.
- Die Teilnehmer kennen in der Regel zumindest einen Teil der Mitstreiter im Förder-AC, da es sich um Kollegen aus den verschiedenen Abteilungen handelt.
- Die Teilnehmer kennen einen Teil der Beobachter; vielfach sind es interne Mitarbeiter aus dem Personalbereich oder Führungskräfte aus dem eigenen Haus.
- Die Teilnehmer laufen Gefahr als Verlierer im Haus dazustehen, wenn sie nicht zu den Personen gehören, die für die weiterführenden Aufgaben ausgewählt werden.
- Aus dem Förder-AC werden konkrete Maßnahmen zur Mitarbeiterförderung abgeleitet.
- Das Förder-AC ist keine einmalige Angelegenheit, sondern Teil des gesamten Mitarbeiterförderungsprozesses eines Unternehmens.

Auf diese Aspekte muss ein Inhouse-Assessment-Center Rücksicht nehmen, wenn es als motivierendes Instrument in der Personalentwicklung seinen Platz finden soll.

TIPP Wenn Sie auf einen Beobachter in einem Förder-AC treffen, von dem Sie wissen oder annehmen, dass er Ihnen nicht wohlgesonnen ist, nehmen Sie es gelassen. Ein Grundprinzip im AC ist die Mehrfachbeurteilung. Denken Sie daher lieber an Ihre Befürworter und entspannen Sie sich.

Das Auswahl-AC für Führungsnachwuchskräfte

Die meisten Inhouse-Assessment-Center werden für die Auswahl von Führungsnachwuchskräften herangezogen. Im Folgenden stellen wir Ihnen ein derartiges 2,5-tägiges AC vor.

Teilnehmerzahl: zehn Nachwuchskräfte
Beobachter: fünf Führungskräfte aus verschiedenen Funktionsbereichen
Moderatoren: ein Mitarbeiter aus dem Personalbereich, ein externer Berater

	1. Tag
bis 17.00	Anreise
17.00	Begrüßung durch die Moderatoren Erläuterung der Ziele und des Ablaufs der Veranstaltung Klären von inhaltlichen und organisatorischen Fragen der Teilnehmer Informationen zu der Aufgabe, für die Nachwuchskräfte gesucht werden Vorstellen der Beobachter

Einstiegssituation

17.45 Teilnehmervorstellung
Aufgabe: Meine bisherigen und zukünftigen Stationen im Beruf. Malen Sie ein Bild, mit dem Sie uns Ihre Erfahrungen und Wünsche näher bringen.

19.00 Abendessen

20.00 Einzelinterviews (ca. 90 Minuten) zu den bisherigen beruflichen Stationen, zu den Zielen und zu den Vorstellungen über die Aufgabe, parallel verschiedene Persönlichkeitstest (siehe dazu Seite 138 bis 142)

2. Tag

8.30 Reflexion des ersten Tages

Planspiel

9.00 Planspiel: Reiseunternehmen France-Spezial

12.30 Mittagessen

13.30 Fortsetzung Planspiel

18.00 Auswertung Planspiel

19.00 Abendessen

20.00 Einzelinterviews (Fortsetzung) zu den bisherigen beruflichen Stationen, zu den Zielen und zu den Vorstellungen über die Aufgabe, parallel verschiedene Persönlichkeitstest

3. Tag

8.30 Reflexion des zweiten Tages
Offene Runde: Was war wichtig für die Teilnehmer?
Klären von Fragen

Gruppendiskussion

9.00 Gruppendiskussion (siehe auch Seite 55): Welches sind die sieben wichtigsten Führungsaufgaben?
Sie gehören zu einem Team von Nachwuchsführungskräften, das die Aufgabe hat für eine Veröffentlichung in der Hauszeitschrift eine Checkliste mit den sieben wichtigsten Aufgaben einer Führungskraft zu entwickeln.
Erarbeiten Sie zunächst jeder für sich eine Liste mit den sieben wichtigsten Führungsaufgaben und sammeln Sie schriftlich Argumente für Ihr Ranking. Zeit: 20 Minuten (die Ausarbeitung wird eingesammelt).
Setzen Sie sich dann mit Ihren Kollegen zusammen

und entwickeln Sie die gemeinsame Liste der sieben wichtigsten Führungsaufgaben. Diese Liste sollen Sie dann der Geschäftsleitung in einer Sitzung vorstellen und die Auswahl und Reihenfolge begründen.
Zeit: 60 Minuten

10.45 Diskussionsrunde mit der Geschäftsleitung
11.30 Auswertung der Gruppendiskussion
12.30 Mittagessen
13.30 Unbeobachtete Gruppenarbeit in zwei Gruppen: Das war für uns Teilnehmer wichtig. Das sind unsere Wünsche für die Zukunft.
Parallel: Abschlusskonferenz der Beobachter
ab 15.30 Rückmelderunde
Jeder Teilnehmer erhält eine erste individuelle Rückmeldung durch einen der Beobachter. Eine vertiefte Rückmeldung mit der Ausarbeitung eines Entwicklungsplans erfolgt dann unter Einbeziehung des Vorgesetzten im Abstand von maximal zehn Tagen nach der Veranstaltung.

Empfehlungen für alle

Wichtig für ein gutes AC ist, dass es am Ende keine Verlierer gibt. Es sind also auch für die Teilnehmer Entwicklungs- und Weiterbildungsempfehlungen zu erarbeiten, die nicht als Führungsnachwuchskraft infrage kommen.

In vielen Unternehmen ist es möglich nach einer Phase von zwei bis drei Jahren erneut an einem Förder-AC teilzunehmen. Lassen Sie sich also von einem gescheiterten ersten Versuch nicht entmutigen.

Aus einer Niederlage einen Erfolg machen

Viele Menschen werfen nach einer Niederlage die Flinte ins Korn, resignieren oder wenden sich anderen Dingen zu. In den meisten Fällen ist das ein Zeichen dafür, dass ihnen das angestrebte Ziel und der Erfolg nicht wichtig genug waren.

Erfolgreiche Führungskräfte zeichnen sich dadurch aus, dass sie aus ihren Niederlagen und Fehlern lernen. Die meisten erfolgreichen Unternehmer und Manager haben irgendwann einmal in ihrem Leben eine mehr oder weniger große Niederlage erlitten. Nur haben sie nicht resigniert, sondern sich gefragt, was falsch gelaufen ist, und es noch einmal versucht. Und zwar so lange, bis sie Erfolg hatten!

Bei einem Misserfolg

Fragen Sie sich zuerst selbst, was dazu geführt hat, dass Sie bei einem AC nicht zu denen gehören, die in die engere Wahl gezogen wurden. Bemühen Sie sich um Rückmeldungen von Ihren Kollegen und den Beobachtern. Entwickeln Sie daraus einen Chancenplan für Ihre persönliche Zukunft. *Wichtig:* Jede Veränderung beginnt immer mit einem ersten Schritt. Warten Sie nicht zu lange diesen Schritt zu gehen. Beachten Sie die 72-Stunden-Regel. Sie besagt, dass Veränderungen, die Sie in den ersten 72 Stunden nach der Entscheidung nicht konkret angepackt haben, meistens nie zu Stande kommen.

Mein persönlicher Chancenplan		
Das sind die fünf wichtigsten Veränderungsmöglichkeiten:	Das ist mein erster Schritt:	Dann fange ich an:

Auf keinen Fall sollten Sie die Schuld für das Nichtgelingen bei den anderen suchen, etwa den Kollegen oder den Beobachtern. Das hilft Ihnen persönlich nicht weiter, sondern zeigt den anderen auch, dass Ihnen eine wichtige Führungseigenschaft fehlt: die Fähigkeit zur Selbstkritik. Außerdem machen Sie sich dadurch auch noch bei den Kollegen und den Entscheidern im Unternehmen unbeliebt. Je weniger Sie die Schuld bei anderen suchen, desto eher werden Sie die Chance für einen zweiten Versuch bekommen.

Klärung der persönlichen Ziele

Je klarer Ihre Zielvorstellungen über Ihren persönlichen und beruflichen Lebensweg sind, desto eher werden Sie in einem Förder-AC erfolgreich abschneiden. Denn (erweiterte) Führungsverantwortung zu übernehmen setzt heute eine gefestigte Gesamtpersönlichkeit voraus. Visionäres Denken, unternehmerisches Denken und Handeln, interkulturelle und interdisziplinäre Kompetenz sowie internationale Orientierung sind zusammen mit einer „runden" Persönlichkeit heute die entscheidenden Erfolgsfaktoren.

Erfolgsfaktoren

MEIN ÜBUNGSPLAN

Prüfen Sie anhand der folgenden Frageliste, was Ihnen in Ihrem Leben wichtig ist und welche Ziele Sie erreichen wollen (beruflich und privat).

Das sind die drei zentralen Werte, die meinem Leben Halt geben:
Das sind meine wichtigsten Fähigkeiten, die mir Erfolg und Zufriedenheit bringen:
Das sind meine wichtigsten Ziele, die ich in meinem Leben erreichen will:
Das macht diese Ziele attraktiv:
Das werde ich tun um diese Ziele zu erreichen:

Erfolgsfaktor Planung

Je konkreter Sie planen, desto eher wird sich auch der persönliche Erfolg einstellen. Denn wer nicht plant, plant das Versagen. Untersuchungen in den Sechzigerjahren haben ergeben, dass nur etwa 5% einer Gruppe von Studierenden konkrete Ziele und Planungen hatten. 20 Jahre später wurden dieselben Personen noch einmal befragt. Ergebnis: Die 5% mit den konkreten Zielen verdienten so viel wie die anderen 95% zusammen.

Ein weiterer wichtiger Schritt zur Vorbereitung ist die Analyse der Anforderungen der Positionen, die Sie als Nächstes anstreben. Nutzen Sie dazu die Checklisten auf den Seiten 31 bis 39.

Verhaltens-Planspiele

Verhaltens-Planspiele werden in internen ACn oder Personal-Entwicklungs-Seminaren immer mehr zu Standard-Übungen. Deshalb werden im Folgenden die Ziele und Fallstricke solcher Planspiele erläutert.

Anforderungskriterien

Darauf achten die Beobachter Anders als in Unternehmens-Planspielen sollen bei Verhaltens-Planspielen nicht Fachwissen, Organisations- und Planungsfähigkeit oder Analysefähigkeit getestet werden. In Verhaltens-Planspielen geht es um folgende Anforderungskriterien:

- Kann der Teilnehmer Bedingungen für Zusammenarbeiten schaffen und fördern?
- Lernt der Teilnehmer aus der Erfahrung der einzelnen Runden? Entwickelt er dabei verschiedene Verhaltensmöglichkeiten?
- Überprüft der Teilnehmer regelmäßig sein Verhalten und das Verhalten anderer und organisiert er Feed-back für sich und andere?
- Bezieht er möglichst viele in Entscheidungsprozesse ein?
- Entwickelt er neue Perspektiven, Wege und Verhaltensmöglichkeiten?
- Versteht er Experimente und Fehler als Möglichkeiten Neues zu erfahren und Grenzen zu testen?
- Kann er abweichende Meinungen, Kritik, Mehrdeutigkeit und „falsches Verhalten“ tolerieren?
- Kann er Ziele transparent machen und über Hintergründe/Motive informieren?
- Kann er Normen identifizieren (welches Verhalten wird bestraft, belohnt)?
- Kann er ein „Wir-Gefühl“ entwickeln?

- Kann er zwischen Extremen ausgleichen (Flexibilität – Starrheit, Wandel – Stabilität, Autonomie – Integration, Freiheit – Sicherheit, Perspektiven – Tradition, Neuartiges – Bestehendes)?
- Kann er Mitarbeiter befähigen Probleme effektiver und effizienter anzugehen?
- Lässt er beteiligte Mitarbeiter ihre Probleme selbstständig finden und Ziele und Lösungen erarbeiten?
- Unterstützt er seine Mitarbeiter durch methodische Hilfestellung, Informationen und Hilfsmittel?
- Baut er ein Frühwarnsystem auf und nimmt er Signale ernst?
- Schafft er starre Regeln ab um auf diese Weise die Flexibilität zu erhöhen?
- Gibt er Dinge im Detail vor oder schafft er Raum für Entwicklungen?
- Ist ihm klar, dass es keine endgültigen Lösungen gibt?
- Weiß er, dass jeder Teil des Systems ist und keiner – auch nicht die Führungskraft – die absolute Objektivität besitzt?
- Sieht er Unbestimmtheit, Unsicherheit, Mehrdeutigkeit und unscharfe Zielsetzungen als natürlich an?
- Versteht er Probleme, Konflikte und Störungen als etwas Produktives, das nicht verleugnet oder verdrängt werden sollte?
- Stellt er sich immer wieder die Fragen „Warum ist etwas so und nicht anders? Wie könnte es ebenfalls sein?"
- Hat er eine realistische Selbsteinschätzung?
- Hat er klare Ziele und legt diese auch offen?

Verlauf

Diese Anforderungen beobachtbar zu machen ist Aufgabe eines Verhaltens-Planspiels. Zu diesem Zweck geht das Planspiel von einer Situation aus, deren weiterer Verlauf sehr stark vom Verhalten der Teilnehmer abhängt. Das Planspiel kann harmonisch verlaufen und zu konkreten Ergebnissen, aber auch zu Konflikten führen. Aus dem Verlauf des Planspiels erhalten die Beobachter sehr viele Informationen darüber, ob ein Teilnehmer die oben aufgeführten Anforderungen erfüllt oder nicht.

Ausgangssituation

Der Spielleiter (einer der Moderatoren) stellt den Teilnehmern das Reiseunternehmen „France-Spezial" vor. Es besteht aus einem Vorstand, einem Prokuristen mit zwei Mitarbeitern und zwei Gruppenleitern mit je zwei Mitarbeitern. Der Vorstand ist für die Großverbindungen zuständig, der Prokurist für die Planung und das Controlling, die eine Gruppe für „Südfrankreich und Aktiv-Urlaub", die andere Gruppe für „Wein- und Kulturreisen".

Gespielt wird in drei bis vier Runden. Vor der ersten Runde wählen sich die Teilnehmerinnen und Teilnehmer ihre jeweiligen Rollen aus. Jede Runde dauert ca. 60 Minuten. Die genaue Spielzeit jeder Runde wird vom Spielleiter festgelegt.

Nach jeder Runde gibt es eine Rückmelderunde, in der die Moderatoren mit der Gruppe herausarbeiten, was gut oder schlecht gelaufen ist. Sie dauert etwa 30 Minuten. Das Gelernte soll in der nächsten Runde umgesetzt werden.

Nach der zweiten Spielrunde werden die Rollen neu besetzt, denn möglichst jeder Teilnehmer soll in verschiedenen Rollen beobachtet werden können.

Zielsetzung

In den beiden ersten Runden geht es darum, dass die einzelnen Gruppen den Jahreskatalog mit den verschiedenen Reisezielen für das kommende Jahr erstellen. In der dritten und vierten Runde wird die Werbe- und Marketingstrategie erarbeitet. Wie die Gruppe die einzelnen Aufgaben angeht, bleibt ihr überlassen.

Jeder aus der Gruppe erhält eine Rollenanweisung und für die einzelnen Schritte Arbeitspapiere und Informationen (mit gleichen oder unterschiedlichen Inhalten). Für das Studium dieser Papiere steht in der ersten Runde ein Zeitraum von 15 Minuten zur Verfügung. Die Rollenanweisung ist für jeden bindend.

In der Regel sind ausreichend Räume vorhanden, sodass jede Gruppe für sich alleine arbeiten kann. Es ist aber auch möglich Besprechungen mit allen Mitarbeitern abzuhalten.

Die Spielleitung kann von außen in das Spiel eingreifen, indem sie neue Informationen etwa über Vorhaben anderer

Unternehmen einstreut oder ein aktuelles Problem einspielt. Beispielsweise kann ein Hotel, das mit Touristen von France-Spezial voll belegt ist, in Konkurs gehen. Die Presse kann sich anmelden, weil Versprechen aus dem Reisekatalog nicht eingehalten werden usw.

Vorbereitung auf Verhaltens-Planspiele

Unternehmensziele

Versuchen Sie herauszufinden, welche der Anforderungen aus dem oben aufgeführten Anforderungskatalog für Ihr Unternehmen am wichtigsten sind. Wenn es in Ihrem Unternehmen ein Anforderungsprofil für Führungskräfte gibt. legen Sie dieses zugrunde. Tragen Sie die Anforderungen in die folgende Liste ein und vergleichen Sie sie dann mit Ihren Stärken und Schwächen.

Wenn Sie auf diese Art und Weise an Ihrem Anforderungsprofil gearbeitet haben, gehen Sie schon gut vorbereitet in ein Verhaltens-Planspiel hinein. Versuchen Sie in Ihrer Arbeitspraxis Ihre Stärken auszubauen und Ihre Schwächen zu korrigieren. Das ist die beste und wirkungsvollste Vorbereitung für diese Art von Übungen.

Checkliste: Anforderungsprofil für Führungskräfte

Anforderungsmerkmal	Stärke	Schwäche
Anerkennen, dass es keine endgültigen Lösungen gibt.	*Ich hinterfrage oft die Lösungen unseres Teams.*	*Ich nehme die Anweisungen meines Chefs oft widerspruchslos hin*

TIPPS Verhaltens-Planspiele

- Versuchen Sie möglichst natürlich in das Verhaltens-Planspiel hineinzugehen. In derart unstrukturierten Situationen gibt es nicht *das* richtige Verhalten. Drängen Sie sich nicht nach Führungspositionen. Auch in der Mitarbeiterposition können Sie viel von dem zeigen, was eine gute Führungskraft heute ausmacht. Wenn sich aber niemand traut, den Vorstand zu spielen, scheuen Sie nicht vor dieser Aufgabe zurück.
- Vermeiden Sie extremes Verhalten. Einsame Entscheidungen einer Führungskraft sind in den meisten Fällen ebenso kritisch zu sehen wie endlose Gruppendiskussionen mit großer Beteiligung, aber ohne konkretes Ergebnis.
- Achten Sie genau auf die Ergebnisse der Auswertungsrunden. Setzen Sie das besprochene Ergebnis in den nächsten Runden konsequent um. Das unterstreicht Ihre Lernfähigkeit. Versuchen Sie darüber hinaus von Zeit zu Zeit einmal das Spiel aus der Metaperspektive zu betrachten. Was läuft gerade sowohl inhaltlich als auch zwischen den Teilnehmern ab? Sind wir auf dem richtigen Weg? Wenn Sie der Meinung sind, dass eine Kurskorrektur erforderlich ist, greifen Sie spätestens in den Rückmelderunden ein.

Neue Trends

Da jedes Unternehmen eigene Schwerpunkte bei den Förder-ACn setzt, gibt es keinen generellen AC-Ablauf. In den letzten Jahren haben sich aber einige Trends herausgebildet, die Sie auf jeden Fall beachten sollten:

Gesamtsituation

- Viele ACs verfolgen heute ein Konzept, bei dem nicht mehr einzelne Übungen zusammenhanglos aufeinander folgen. Es wird vielmehr eine Gesamtsituation konstruiert, etwa der Ablauf eines Arbeitstages, einer Konferenz, einer Planungssitzung usw. Dadurch sollen realitätsnähere Situationen geschaffen werden.

Realistische Situation

- Immer mehr konkrete Arbeitsprobleme werden in das AC mit einbezogen. Manche Firmen stellen im Vorfeld des ACs den Teilnehmern Aufgaben, die reale Probleme des Unternehmens betreffen. Die Ergebnisse sind dann Gegenstand der Übungen im AC und werden danach auch im Unternehmen umgesetzt.
- Die Gesamtpersönlichkeit rückt immer mehr in den Vordergrund. Nicht einzelne Kriterien wie Führungsverhalten oder Durchsetzungsfähigkeit, sondern Aspekte wie unternehmerisches Denken, ganzheitliche Lebensgestaltung oder Werteorientierung werden immer bedeutender.
- Im Zuge der Vernetzung der verschiedenen Kulturen wird es für Führungspersönlichkeiten immer wichtiger interkulturell denken und handeln zu können. Diese Aspekte werden darum in den ACn größere Bedeutung erlangen.
- Neben der Beurteilung durch die Beobachter gewinnt die Selbsteinschätzung der Teilnehmer eine immer größere Bedeutung.

Sie werden sich in Zukunft auf komplexere Situationen in ACn einstellen müssen. Eine große Chance besteht darin, dass Sie vorbereitet in ein AC gehen können, wenn Projekte im Vorfeld vergeben werden. Auch die stärkere Berücksichtigung der fachlichen Fähigkeiten gibt Ihnen mehr Gelegenheit Ihr Können unter Beweis zu stellen.

Selbsteinschätzung

Eine ganz neue Dimension eröffnet sich durch die stärkere Berücksichtigung der Selbsteinschätzung. Fatal ist es, wenn Sie eine Situation gesundbeten oder ein Verhalten zu rechtfertigen versuchen, das sich in einer bestimmten Situation als unproduktiv erwiesen hat. Stellen Sie sich deshalb offen jeder Situation und analysieren Sie Ihr Verhalten ohne Vorbehalte.

TIPPS Selbsteinschätzung

- Trennen Sie Ihr Verhalten von Ihrer Person. Wenn Ihr Verhalten zu keinem Erfolg geführt hat, heißt das nicht, dass Sie als Person versagt haben.
- Betrachten Sie jeden Fehler als Chance etwas für die Zukunft zu lernen.

- Zeigen Sie den anderen, dass Sie Interesse haben etwas über sich zu erfahren. Aber vermeiden Sie Seelenstriptease.
- Nutzen Sie jede Gelegenheit Rückmeldungen zu Ihrem Verhalten zu bekommen. Fragen Sie Ihre Kollegen, Ihren Chef oder Ihre Freunde, wie ein bestimmtes Verhalten wirkt. Vergleichen sie diese Rückmeldung mit Ihrer Selbsteinschätzung.
- Fragen Sie sich zuerst, worauf es in einer AC-Übung ankam. Zu diesen Punkten sollten Sie dann eine Einschätzung abgeben, in der Sie festhalten, was gut und was schlecht gelaufen ist.
- Nutzen Sie eine klare Sprache. Was gut ist, ist gut. Und was schlecht ist, ist schlecht. Reden Sie nicht um den heißen Brei herum.
- Notieren Sie in einer Liste, was Sie verändern wollen. Nehmen Sie sich eine Veränderung pro Woche vor. Das sind 52 Veränderungen pro Jahr. Auch wenn diese noch so klein sind – sie werden Sie Ihren Zielen näher bringen.

Für Topkräfte: das Einzel-AC

Je höher eine Führungskraft in der Unternehmenshierarchie aufsteigt, desto schwieriger wird es Gruppenauswahlverfahren einzusetzen. Deshalb greifen einige Unternehmen in diesen Fällen auf Einzel-ACs zurück. Diese Einzel-ACs unterliegen den gleichen Anforderungen wie Gruppenauswahlverfahren. Der Kandidat arbeitet allerdings in einer geschützteren Atmosphäre.

Verlauf

Die Einzel-ACs werden meistens als eintägige Veranstaltungen durchgeführt. Neuerdings laufen sie häufig als Simulationsübung ab. Der Kandidat simuliert dabei einen Arbeitstag in der neuen Funktion und wird mit verschiedenen Aufgaben konfrontiert. Mitarbeitergespräche, simulierte Telefonanrufe oder das Abarbeiten der täglichen Post werden mithilfe einer Videobeobachtung ausgewertet.

Ergänzt werden diese Übungen durch schriftliche Persönlichkeitstests, die in der Regel im Vorfeld vom Teilnehmer ausgefüllt werden. Von zentraler Bedeutung ist beim Förder-AC das sorgfältige Auswertungsgespräch mit einer detaillierten Analyse der Stärken und Schwächen. Da die Führungskräfte auch nach dem AC Führungsverantwortung tragen, muss auf jeden Fall eine Demotivation vermieden werden. Außerdem ist ein solches Gespräch eine gute Chance bei höherrangigen Führungskräften das Verständnis für die Situation von Mitarbeitern zu wecken, die an ACn teilnehmen, und die Wichtigkeit einer guten Nachbereitung durch die Führungskraft zu verdeutlichen.

Auswertungsgespräch

Inhouse-Assessment-Center als Erfolgschance

Wie so oft im Leben kommt es auch hier auf die richtige Einstellung an. Wenn Sie in einer derartigen Veranstaltung möglichst viel über Ihre Stärken und Schwächen erfahren wollen, dann haben Sie schon so gut wie gewonnen. Selbst wenn sich nämlich herausstellt, dass Sie nicht zu denjenigen gehören, die in die engere Auswahl für eine Führungsposition kommen, können Sie wertvolle Hinweise für Ihre weitere Entwicklung gewinnen. Schon mancher, der nicht geeignet war, ist auf einer Führungsposition unglücklich geworden. Und Gott sei Dank können Sie in immer mehr Unternehmen heute auch als Fachexperte eine attraktive Karriere machen.

Karriereplanung

Nutzen Sie daher das Rückmeldegespräch nach dem AC um Ihre Selbsteinschätzung zu fokussieren und eine berufliche Entwicklung anzustreben, die Ihren persönlichen Stärken entspricht.

Fragen Sie in jedem Fall nach Qualifikationsmöglichkeiten und nach konkreten weiteren Schritten. Beziehen Sie immer Ihren Vorgesetzten mit ein. Auch wenn Sie für höhere

Vorgesetzte

Führungsaufgaben vorgesehen sind, ist es immer gut Verbündete zu haben, die Sie fördern. Selbst wenn Ihr Vorgesetzter Ihrer weiteren Karriere eher skeptisch gegenübersteht, sollten Sie ihn einbeziehen, damit er Ihnen keinen Formfehler vorwerfen kann.

Suchen Sie engen Kontakt zu den Mitarbeitern aus dem Personal- und/oder Bildungsbereich. Sie orientieren Sie in der Regel vor dem AC über Inhalte und Ablauf um so möglichst die Scheu vor derartigen Veranstaltungen zu nehmen. Nach dem AC stehen sie zur Klärung von Fragen der weiteren beruflichen Entwicklung ebenso zur Verfügung wie zur Beratung, welche konkreten Qualifizierungsschritte eingeleitet werden sollen.

Mein Stärken-/Schwächenprofil

ÜBUNG: INHOUSE-ASSESSMENT-CENTER

Meine Stärken:	Das will ich tun, damit sie erhalten bleiben bzw. damit ich sie ausbaue:

Meine Schwächen:	Das will ich tun um sie abzubauen:

Abschlussrunde und Rückmeldung

Wenn Sie bei der Abschlussrunde angelangt sind, können Sie sich eigentlich beruhigt zurücklehnen. Sie haben es nun geschafft, das Assessment-Center ist gelaufen, die Heimreise naht. Bei guten ACn werden am Ende einer Veranstaltung vor den individuellen Rückmeldungen noch einmal alle Teilnehmer zusammengerufen und man startet einen kurzen Rückblick auf die vergangenen ein, zwei oder drei Tage. Für diesen Rückblick gibt es auch wieder verschiedene Methoden.

Gemeinsamer Rückblick

Sehr oft wird das „Blitzlicht" eingesetzt. Alle Teilnehmer werden reihum aufgefordert ein oder zwei Sätze dazu zu sagen, wie sie sich in den vergangenen Tagen gefühlt haben oder was ihnen besonders wichtig war.

Manchmal wird auch ein „Barometer" auf das Flipchart gezeichnet. Jeder bekommt einen Punkt, mit dem er seine augenblickliche Stimmungslage auf dem Barometer kennzeichnen kann. Nach dem Platzieren seines „Stimmungspunktes" erläutert dann jeder, warum er so gepunktet hat.

„Stimmungsbarometer"

Eine Variante dieses Stimmungsbarometers funktioniert so: Man zeichnet ein Koordinatenkreuz auf das Flipchart, auf einem Balken trägt man den Grad des Spaßes ein, den man gehabt hat, auf dem anderen seine persönliche Einschätzung des Erfolges. Im Schnittpunkt der Linien punktet man. Auch dieser Punkt wird dann reihum erläutert.

Gut und wichtig: die schnelle Rückmeldung

Ein wichtiges Element bei Assessment-Centern und Personal-Entwicklungs-Seminaren besteht in der Rückmeldung. Gute Veranstaltungen erkennen Sie daran, dass die Rückmeldungen unmittelbar gegeben werden, also direkt im Anschluss an das AC. Das ist für die Veranstalter zwar sehr anstrengend, denn man ist oft gezwungen bis in die späte Nacht hinein zu arbeiten, will man den Kandidaten unmittelbar die Entscheidung mitteilen, aber die Kandidaten haben nach dem Prüfungsstress ja schließlich auch ein Anrecht darauf, schnell zu erfahren, ob sie die Stelle erhalten oder wie sie weiter gefördert werden sollen.

Die Rückmeldung geschieht in der Regel in Einzelgesprächen; die Beobachter und Moderatoren besprechen mit dem Kandidaten das Ergebnis und erläutern ihm Hintergründe für die Entscheidung. Nutzen Sie diese Gelegenheit und fragen Sie Ihren Gesprächspartner alles, was Sie auf dem Herzen haben, einerlei ob Sie die Position oder den Förderplatz erhalten haben oder nicht.

In jedem Fall ist diese Rückmeldung für Sie eine wichtige Information darüber, wie Sie auf andere wirken (siehe Kapitel „Lernen Sie sich selbst kennen!“). Sollten Sie bei Ihrem ersten AC durchgerutscht sein, trotz guter Vorbereitung, so erhalten Sie in der Rückmeldung wichtige Informationen für Ihr nächstes AC. Wichtig ist nur, dass Sie dieses Ergebnis nicht als persönliches Versagen interpretieren. Vielleicht war diese Position einfach nicht die richtige für Sie oder das Unternehmen stellte Anforderungen, die mit Ihren speziellen Stärken nicht übereinstimmten. Oder Sie waren ganz einfach nicht in Form. Oder es gab mehrere gleich gute Bewerber und Ihnen fehlte das nötige Quäntchen Glück. Oder, oder, oder ... Lassen Sie sich also nicht entmutigen, wenn es beim ersten Mal nicht gleich funktioniert hat, bereiten Sie sich auf Ihr nächstes AC genauso konzentriert vor wie auf Ihr erstes.

Übungsplan

Übertragen Sie bitte in diesen Plan die wichtigsten „Hausaufgaben“ aus den einzelnen Stärken- und Schwächenanalysen. Dann haben Sie einen Überblick, was Sie zur Vorbereitung Ihres ACs erledigen müssen.

Kapitel	Das ist zu tun
Lernen Sie sich selbst kennen	
Eröffnungssituationen	
Gruppendiskussionen	
Rollenspiele	

Kurzvortrag, Referat,
Präsentation

Postkorb

Fallstudien
(Unternehmens-Planspiele)

Tests, Interviews

Inhouse-Assessment-Center

Sonstiges

Anhang

Postkorb „Hans Schnell“

Lösungsvorschlag für die Postkorbübung

Nr.	**Vorgang**	**zu beachten**
1	Notiz Ehefrau Ulla	Wichtig ist Problem Milla. Fristlose Kündigung einer Auszubildenden ohne Nachweis des Diebstahls ist nicht möglich. Der Sachverhalt muss erst geklärt werden. Darum selber mit Milla sprechen. Termin vorschlagen, eintragen. Terminkollision am 6.10. (Nr. 14).
2	Kalender	Dort überschneiden sich noch einige Termine im Verlaufe des Postkorbs. Am Schluss müssten alle Termine eingetragen sein. Neuer Termin für Nachbarn, neuen Lehrling, Termine für: Milla, Gespräch Lehrer/Direktor, Schulkonferenz, evtl. Chef-Besuch.
3	Prof. Soor: Lärmschutzversammlung	Obgleich nur Mieter und nicht Hauseigentümer, sollte jemand hingehen. Kann auch Ehefrau übernehmen (Delegation).
4	Kreditbank: Aktiengesellschaft	Wichtig, im Zusammenhang mit Nr. 11 und Nr. 15. Geringster Verlust durch Teilverkauf von Aktien im Wert von € 20 000,–. Brief an Bank. Versicherung abschließen Nr. 15. Muss heute noch geklärt werden (Zeitplanung Nr. 13).

Nr.	Vorgang	zu beachten
5	Tochter Uschi: Schulbesprechung	Wichtig. Wird aktuell durch Nr. 12. Termin wahrnehmen, in Kalender eintragen. Aber unbedingt vorher mit Lehrer und Direktor sprechen. Martha oder Frau bitten einen Termin am Dienstag, 5.10., zu vereinbaren.
6	Gärtner	Unwichtig. Scheint alter Lieferant zu sein, weiß, was er machen soll. Am 5.10. sind Sie ja wieder da. Nichts tun.
7	Amtsgericht: Schöffe	Relativ unwichtig, da erst am 5.10. Selbst wenn man keinen Entschuldigungsgrund vorbringen will, kann man aber so kurzfristige Terminsetzung ablehnen. Wenn man hingeht, nichts weiter tun, aber Termin eintragen, sonst kurzen Brief an Amtsgericht.
8	Martha: Blankoscheck und € 300,–	Teilweise wichtig. Statt Geld den Scheck mit € 300,– ausfüllen. Lieferanten können noch ein paar Tage warten. Blanko-Scheck nicht unterschreiben, es sei denn, Sie kennen Martha viele Jahre gut und Sie machen das häufiger so. Aber Diebstahl, Broschenkauf von Klaus (Nr. 10), leerer Scheck der Ehefrau an Gärtner (Nr. 6) raten eher zur Vorsicht.
9	Haus- und Grund GmbH: Mieterhöhung	Wichtig wegen Termin. Gegen Brief, Fristsetzung, Mieterhöhung, Kündigungsandrohung schriftlich Einspruch einlegen und um ein klärendes Gespräch bitten. Könnte auch rein juristisch nach dem Mieterschutzgesetz als völlig gegenstandslos betrachtet werden.
10	Sohn Klaus (15 J.)	Im Augenblick unwichtig. Sobald wie möglich mit Sohn ein allgemeines klärendes Gespräch führen (Probleme: Geldumgang, Schulleiterbrief). Da Mutter die Brosche schon hat, kann man sie ihr schlecht wegnehmen. Der Juwelier hätte an Klaus (15 J.) eigentlich gar nicht verkaufen dürfen, es ist sein Risiko gewesen. Deshalb kann er warten bis nächste Woche. Mit Klaus heute Abend zu Hause kurz sprechen.

Nr.	Vorgang	zu beachten
11	Vertrauliche Briefe	Wichtig ist nur Information „Aus der Börsenwelt". Aber nur Gerücht. Hängt davon ab, wem man mehr vertraut: den Briefen oder seiner Bank. Im Zusammenhang mit Nr. 4 und Nr. 15 zu sehen.
12	Direktor Mies: Fehlverhalten der Kinder	Wichtig. Es droht neben „Rausschmiss" auch noch „öffentliche Anklage" am 6.10. (Nr. 5). Kurz schreiben und um Termin bitten. Keine Entschuldigung schreiben, erst im Gespräch Sachverhalt klären.
13	Zeitplanung	Sollte zum Schluss bearbeitet werden, sonst fehlt zum Beispiel Information aus Nr. 15. Musterlösung siehe nächste Seite.
14	Martha	Wichtig. Termin mit Nachbarn bald nachholen. Martha soll gleich einen neuen Termin für Montag, 4.10., 20.00 Uhr oder Dienstag vereinbaren. Termin mit Lehrling sollen Frau und Martha wahrnehmen. Frau soll Chef anrufen und ihn fragen, ob er mit in Opernpremiere gehen will (s. Nr. 1). Alternativ der Frau gegebenenfalls noch eine zweite Brosche versprechen!!
15	Rechts- und Steueranwalt: Versicherung gegen Kursverlust bei Aktien	Wichtig. Für € 800,– decken Sie Risiko bis auf € 20 000,– (bzw. € 10 000,– (Nr. 4) bei Teilverkauf) ab. Versicherung abschließen. € 800,– abgeben. Bei Zeitplanung (Nr. 13) berücksichtigen.

Lösungsvorschlag für die Zeitplanung

Für die Muss-Anlaufstellen, in erster Linie Passamt, Arzt, Wohnung, dann aber auch Bahnhof inkl. Kaufmann wegen des Geschenk-Versprechens gibt es je 20 Punkte. Da man die Zeiten im Krankenhaus bzw. Park optimieren kann, gibt es Zusatzpunkte, die aber nicht so hoch werden können, dass sich das Auslassen einer Muss-Anlaufstelle lohnt. Für alle Anlaufstellen zusammen gibt es max. 150 Punkte, insgesamt sind max. 206 Punkte erreichbar (wenn von 17.59–18.03 Uhr am Bahnhof).

	Punkte
Passamt	20
Arzt	20
Kaufmann	20
Bahnhof	20
Wohnung (Aufschließen)	20
Bank	10
Rechtsanwalt	10
Friseur	10

		________
Krankenhaus	10 + (3 x Aufenthaltsminuten) insgesamt:	________
Park	10 + (2 x Aufenthaltsminuten) insgesamt:	________
	Summe	________

Der optimale Weg geht über Friseur, Bank, Passamt, Rechtsanwalt, Kaufmann, Arzt, Bahnhof. Dort ist man um 17.50 Uhr, ohne Arzt 3 Minuten früher, also recht frühzeitig. Wenn man nur 2 Minuten Aufenthalt am Bahnhof riskiert, kann man sogar über Park (mit 1 Min. Aufenthalt dort) gehen.

Vom Bahnhof führt der optimale Weg weiter über Krankenhaus (10 Min. Aufenthalt), Wohnung und zum 2. Mal zum Park mit diesmal max. 13 Minuten Aufenthalt.

(Quelle: Wolfgang Jeserich, Mitarbeiter auswählen und fördern. Assessment-Center-Verfahren. München, Wien. Carl Hanser Verlag. = Handbuch der Weiterbildung für die Praxis in Wirtschaft und Verwaltung; Bd. 1., S. 189–192)

Literaturhinweise

Klaus Antons, Praxis der Gruppendynamik. Übungen und Techniken. Göttingen (Hogrefe) 2000 (8. Aufl.)

Arbeitskreis Assessment-Center (Hrsg.), Assessment-Center als Instrument der Personalentwicklung. Schlüsselkompetenzen, Qualitätsstandards, Prozeßoptimierung. Reihe Assessment-Center Band 3, Hamburg (Windmühle) 1996 (1. Aufl.)

Arbeitskreis Assessment-Center (Hrsg.), Das Assessment-Center in der betrieblichen Praxis. Erfahrungen und Perspektiven, Reihe Assessment-Center Band 1, Hamburg (Windmühle) 1995 (2. Aufl.)

Doris Brenner, Frank Brenner, Assessment Center. Gezielt vorbereiten und trainieren. München (Koch Media) 2000

Claus Coelius, Fit fürs Assessment-Center.
Mit Aufgaben, Checklisten und Beurteilungsschlüssel.
Hamburg (CC Verlag) 1998

Dave Francis/Don Young, Mehr Erfolg im Team. Hamburg (Windmühle) 2001 (5. Aufl.)

Karlheinz A. Geissler, Anfangssituationen.
Weinheim (Beltz) 2000 (8. Aufl.)

Armin Gloor, Die AC-Methode. Assessment-Center: Führungskräfte beurteilen und fördern. Zürich (Orell Füssli) 2000

Walter Jochmann, Innovationen im Assessment Center.
Stuttgart (Schäffer-Poeschel) 1999

Jürgen Hesse, Hans Christian Schrader, Assessment Center. Das härteste Personalauswahlverfahren. Frankfurt am Main (Eichborn) 1994

Jürgen Hesse, Hans Christian Schrader, Die 100 wichtigsten Fragen zum Assessment Center. Optimale Vorbereitung in kürzester Zeit. Frankfurt am Main (Eichborn) 1999

Henning Hustedt/Reinhard Hilke, Einstellungstests. Fragebogen, Assessment Center und andere Auswahlverfahren. Niedernhausen/Ts. (FALKEN) 2001 (9. Aufl.)

Renate Ibelgaufts, Das überzeugende Vorstellungsgespräch. Niedernhausen/Ts. (FALKEN) 2000

Klaus D. Leciejewski, Cristof Fertsch-Röver, Assessment Center. Freiburg (Haufe) 2000

Wolfgang Manekeller, Die Bewerbung. Perfekt und erfolgreich, Niedernhausen (Bassermann) 2001

Christian Püttjer, Uwe Schnierda, Assessment-Center-Training für Führungskräfte. Die wichtigsten Übungen – die besten Lösungen. Frankfurt am Main (Campus) 2001

Bärbel Rompeltien, Last Minute Programm für das erfolgreiche Assessment Center. Frankfurt am Main (Campus) 1999

Thomas Schmidt, Manfred Faber, Thomas Middelmann, Angstfrei ins Assessment Center. Clever vorbereiten – smart auftreten. Frankfurt am Main (Ueberreuter) 2000

Heinz Schuler, Willi Stehle, Assessment Center als Methode der Personalentwicklung, Göttingen (Angewandte Psychologie) 1992

Christa Titze, Keine Angst vor Einstellungstests. Niedernhausen/Ts. (FALKEN) 1996

Hermann Weber, Arbeitskatalog der Übungen und Spiele Band 1. Ein Verzeichnis von über 800 Gruppenübungen und Rollenspielen. Hamburg (Windmühle) 1996 (5. erw. Aufl.)

Register